**气候变化、核破坏、生物危险，
疯狂科学或将给地球带来浩劫！**

我们正处于科学发展的快车道，它已渗透人类生活的方方面面。科学发展为人类生活带来便利的同时，也带来了诸多争论——今天的科学安全吗？科学的发展会失控吗？科幻电影中的科学狂人会在未来出现吗？科学会给地球带来浩劫吗？我们应采用怎样的态度对待科学的发展？

《科学大浩劫》将为你解答上述疑惑。作者回答并解释了——宇宙大爆炸理论是否一定成立；黑洞形成；原子与核武器的产生历史；气候变化与温室效应对世界的影响；病毒细菌等生物对人类的危害体现在哪些方面以及危害有多大；纳米机器人或将对人类产生的影响；网络瘫痪会给我们带来什么影响；人类未来会成为赛博人吗……克莱格用敏锐的视角与细腻的思考带你走进科学背后的世界；带你穿越时空，探索未来科技；带你走进星辰大海，探索宇宙的诞生与进化；带你一窥纳米机器人与赛博人的真相。

《科学大浩劫》展望了未来科学的发展趋势，细数了今日科学或将给人类带来的浩劫，向读者展示了科学发展的宏图。本书旨在告诉读者，科学的本质以及研究科学的态度——科学的本质是推进技术进步；科学不是潘多拉的魔盒，纵使它包含了太多未知，也要勇敢地打开，只需保持敬畏、警惕之心。

科学可以这样看丛书

ARMAGEDDON SCIENCE
科学大浩劫

毁灭万物的科学

〔英〕布莱恩·克莱格（Brian Clegg）著
杨桓 张敬 译

宇宙洪荒至未来人类
科学创新技术，或毁灭世界
探究科学本质，畅想未来科学

重庆出版集团 重庆出版社

Armageddon Science:The Science of mass Destruction
By Brian Clegg
Text Copyright © 2010 by Brian Clegg
Published by arrangement with St.Martin's Press
Simplified Chinese edition copyright: 2020 Chongqing Publishing & Media Co., Ltd.
All rights reserved.
版贸核渝字(2017)第217号

图书在版编目(CIP)数据

科学大浩劫/(英)布莱恩·克莱格著;杨桓,张敬译.—重庆:重庆出版社,2020.9
(科学可以这样看丛书/冯建华主编)
书名原文:ARMAGEDDON SCIENCE
ISBN 978-7-229-15041-9

Ⅰ.①科… Ⅱ.①布… ②杨… ③张… Ⅲ科学知识—普及读物 Ⅳ.①Z228

中国版本图书馆CIP数据核字(2020)第085415号

科学大浩劫
ARMAGEDDON SCIENCE
〔英〕布莱恩·克莱格(Brian Clegg) 著　杨桓　张敬 译

责任编辑:连　果
审　　校:冯建华
责任校对:何建云
封面设计:博引传媒·何华成

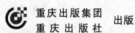
出版
重庆出版社

重庆市南岸区南滨路162号1幢　邮政编码:400061　http://www.cqph.com
重庆出版社艺术设计有限公司制版
重庆长虹印务有限公司印刷
重庆出版集团图书发行有限公司发行
E-MAIL:fxchu@cqph.com　邮购电话:023-61520646
全国新华书店经销

开本:710mm×1000mm　1/16　印张:13.25　字数:200千
2020年9月第1版　2020年9月第1次印刷
ISBN 978-7-229-15041-9
定价:45.00元

如有印装质量问题,请向本集团图书发行有限公司调换:023-61520678

版权所有　侵权必究

Advance Praise for ARMAGEDDON SCIENCE
《科学大浩劫》一书的发行评语

  一些人对文明会如何走向终结感到好奇。克莱格以其新颖独到、精练准确的表达,为该问题提供了多种可能的答案。

——《科克斯书评》(*Kirkus Reviews*)

  布莱恩·克莱格……对每一危机的冷静考察分析都出乎读者意料,他有理有据、令人信服地向读者确认了,人类毁灭并非迫在眉睫……此书简明易懂,令人爱不释手。

——《书单》(*Booklist*)

  克莱格探究了失控的科学以及其他灾难将以何种方式摧毁人类文明……他在每一案例中都以专业的笔触讲述了其中的科学实质,评估了危机的严重程度。克莱格是一位乐观的作家,从不散播恐怖情绪。

——《出版人周刊》(*Publishers Weekly*)

谨以此书献给
吉里安、切尔西和蕾贝卡

致谢

一如既往地，如果缺少了我的编辑迈克尔·霍姆勒（Michael Homler）以及我的助理彼特·考克斯（Peter Cox）的帮助与支持，本书将无法成稿。

我通常会列出一份名单，感谢那些给予过我帮助的人，但此次的人数实在太多，我恐怕无法在此一一列出。在这里，我只能对大家所有的帮助表示无限的感激。

目录

1 □ 1 疯狂科学家

9 □ 2 大爆炸与黑洞

29 □ 3 原子大破坏

75 □ 4 气候灾害

103 □ 5 极端生物灾难

121 □ 6 灰蛊

141 □ 7 信息坍塌

155 □ 8 人类不再

163 □ 9 未来的恐惧与自然的陷阱

183 □ 10 谨慎的乐观

1　疯狂科学家

> 天地之奥秘为吾所渴求也。
>
> ——玛丽·雪莉（Mary Shelley，1797—1851），
> 《弗兰肯斯坦》（*Frankenstein*，1818）

唯有人类会忧心于大规模毁灭（大规模杀戮）。这里，需要申明下，我并非说其他动物不受大规模毁灭的影响。事实上，许多物种已因大规模毁灭而灭绝；今天，仍有很多物种正因大规模毁灭而徘徊于灭绝边缘。就算是智慧程度较高的动物，也不会像人类这样——担心自己或许会在一场巨大的灾难中灰飞烟灭。正是因为人类具有设想未来的能力，他们才会对大规模毁灭产生恐惧。如今，灾难电影的票房一路高涨，这一现象也从侧面证明了，人们已有了深刻的感知——作为一个族群，或许我们会在某一天从地球上消逝。

从历史角度来看，大规模毁灭俨然是一种自然现象。地球已经历过无数次浩劫，最著名的是 6 500 万年前的恐龙灭绝。未来，我们或许仍能见到非人为的巨大灾难。然而，随着大规模杀伤性武器的出现，未来的巨大灾难很可能会与疯狂（或者说得好听一些，不道德）科学家的工作相关联。

"大规模杀伤性武器"一词，最早出现于 1937 年圣诞节，由坎特伯

雷的大主教在布道时提出。他鼓励他的信徒们促进和平，他说："当我们想到恐惧、嫉妒、猜忌让各个国家——包括我们的国家——扩充军备，谁不会感到诧异和沮丧？""当思及一场拥有新型大规模杀伤性武器的战争即将打响并波及甚广时，又有谁能对它所蕴含的意义不感到害怕？"

大主教一直关注着政治方面是否有使用此类武器的意愿。他是在第一次世界大战中幸存下来的一代，期盼着那是一场"止战之战"，然而他却目睹了第二次世界大战爆发之际，欧洲军事力量的迅速崛起。不论政客应为这次战争负上多大的责任，但有一点是毫无疑问的——这些武器的真正发明者是科学家。

这是个无法逃避的事实——科学或者科学在应用方面本身就存在阴暗面。科学家们送给了大家一份危险的礼物。

自维多利亚时代至 20 世纪中叶，在这小段时期里，尽管人们看待科学家的眼光各不相同，但认为科学家会带来危险的想法却并不新鲜。新兴科技的发展，让许多生活痛苦的人们有了新的生活方式，他们无须再将每分每秒皆尽数用于养家糊口。第一次，享受生活的闲暇与乐趣，不再是有钱有势的人的专利。在一段短暂的时光中，人们曾一度将科学家视为我们这些普通人的救星。

这些科学家（那个时代基本为男性）非常大胆，他们会给人们带来一些新奇的东西，就像现实版的圣诞老人和复活节兔子，全年都在为我们送礼物——诸如电器、现代药物、新型交通工具，以及一些节省劳力的设备。我们在电视广告上的见闻也如出一辙，穿着白大褂的医生用神奇的材料做成美白产品，能让你更加年轻美丽。

正如潘多拉魔盒的警告，将知识带给世人，本身也有危险，没人能阻止其发生。如果你想在一个真正充满危险的环境里尝试新事物、发现新事物，你恐怕做出了一个极度危险的决定。那样的行为，如同一个山顶洞人决定用一种新的方式去试探剑齿虎，比如，他不用长矛去刺伤老虎，而是轻拍老虎的头，他可能很快会因此变为独臂人。历史上多数时候，科学家以及他们的前身——自然哲学家，都属于会让人心存疑虑的那类人。人们将他们归为魔术师、巫师，以及其他神秘艺术领域的业余人士类。即使是19—20世纪的科技奇迹也无法消除这种刻板印象。

一些低俗小说和廉价电影喜欢编派科学家，讲述科学家给世界带来的危险，这些小说和电影将科学家描述得毫无人性。在相对善意一些的小说和电影中，科学家的内在驱动力被描述为过于理想化或脱离现实。他们就是我奶奶所说的，"聪明机智却缺乏常识的人"。科学家们就是不谙世事的笨蛋，他们并不知道（或并不在意）自己的举动会导致何种后果。在相对恶意一些的小说和电影中，科学家们甚至比坏人更坏——他们满心恶念，他们的欲望是统治世界，或是不惜一切代价地追求他们所谓的科学真理。

这种肤浅、小丑般的科学家，为达目的而不惜践踏他人。他们通常不会在意自己的所作所为会给人类生活，甚至是整个地球带来怎样的影响。他们就是科学界的纳粹，最后还总能为自己的不择手段找到正当理由，他们就是披着人皮的恶魔。

然而，现实中，我所见过的科学家并非如此。与许多影视形象大不相同，他们多为热情友好的正常人。和许多其他人一样，他们也忧虑着自己的孩子将会生存的世界，这份忧虑也困扰着我们所有人。诚然，有些科学家的确是恬不知耻的怪人（当然，如果你认为所谓的"怪人"，就是指那些对自己所生活的宇宙充满好奇心的人，那么我很乐意地宣布自己也是这个群体中的一员），但他们也绝非毫无人性的思考机器。那么，怪人这个想法是从何而来？

科幻小说要为如此描绘科学家的形象承担相当大的责任。在玛丽·雪莱（Mary Shelley）的青年时期，当她还叫玛丽·戈德温（Mary Godwin）时，她在一幢意大利别墅度过了一个痛苦的假期，那时她首次执笔了小说《弗兰肯斯坦》。显然，她在那里已构想好了，要让自己小说的主角扮演上帝的角色。主角弗兰肯斯坦在开篇中非常坦白："天地之奥秘为吾所渴求也。"这句话毫无谦逊之意——它完全表达了维克多·弗兰肯斯坦（Victor Frankenstein）希望主宰世界的想法。在书中，弗兰肯斯坦创造出的怪物与同名电影中那步履蹒跚、语无伦次的生物截然相反，它口若悬河，使用了大量的语言来表达对弗兰肯斯坦哲学中的危险之处的苦苦思索。

然而，玛丽·雪莱笔下的弗兰肯斯坦并不是最典型的疯狂科学家。疯狂科学家这个名词太普通，已然成为了陈词滥调。首先提出这个词的是19—20世纪的科幻小说元老级人物，著名法国科幻小说家儒勒·凡尔纳（Jules Verne）和英国科幻小说家赫伯特·乔治·威尔斯（H. G. Wells），他们给读者展现了科学家的疯狂——凡尔纳笔下的尼摩船长（Captain Nemo，小说《海底两万里》人物）塑造了一个残忍无情的杀手形象；威尔斯为我们展现的角色为追求知识而走火入魔，例如《隐形人》（*The Invisible Man*）中的主角；威尔斯塑造的莫罗博士（Dr. Moreau，小说《莫罗博士的岛》中的人物）以活体解剖这样的残忍方式虐杀动物和人类。

而好莱坞电影则给予了这些形象最后的致命一击。电影里的维克多·弗兰肯斯坦，从一个狂妄自大缜密周到的哲学家变为了一个发狂的大眼怪物。弗里茨·朗（Fritz Lang）执导的惊悚无声电影《大都市》（*Metropolis*）里的邪恶天才罗特旺（Rotwang）以及彼得·塞勒斯（Peter Sellers）刻画的黑色幽默恐怖形象"奇爱博士（Dr. Strangelove）"都跃然于电影胶片。在电影描绘的科学疯子里，还包括漫画里的那些邪恶的科学天才，比如莱克斯·卢瑟（Lex Luthor）和绿魔（Green Goblin）。

即便某位极力想成为好人的科学家［例如《回到未来》（*Back to the Future*）系列电影中的布朗博士（Doc Brown）］，在电影中的形象也和他那些危险的同行一样，顶着蓬乱的头发（爱因斯坦可能得为此形象负责），行为举止半疯半癫。或许最有说服力的，是好莱坞电影《禁忌星球》（*Forbidden Planet*）中的莫比乌斯博士（Doctor Morbius）以及他那些"来自人类本能冲动的怪物"——通过开发人类大脑所释放出的毁灭性力量。

上述那种长期占据人心的疯狂科学家形象是从何而来？《禁忌星球》给了我们答案——这部电影是基于莎士比亚的戏剧《暴风雨》（The Tempest）而创作的。莫比乌斯博士就是戏剧中的普洛斯佩罗（Prosepero），一位哲学家。他带来的力量扭曲了他的世界，而他却无法继续控制这股力量。这一人物形象在文学和民间传统中占据了很长的一段历史。很早以前，在自然哲学（我们一般称之为科学）领域的人通常会被人们认为是在尝试使用魔法或是在对付恶魔。在早期，人们通常认为这样的"疯狂科学家"都有一名会魔法的侍从，和普洛斯佩罗的艾瑞尔（Ariel）一样，这样的侍从还有一个能说话的金属脑袋。

传说中，法国奥利亚克（Aurillac）的教士热贝尔（Gerbert）是西方大陆中最早拥有这样神奇而又可怕的机器人的。这位学富五车的教士在公元999年成为了教皇西尔维斯特二世（Pope Sylvester Ⅱ）。当时，他已以"魔术师"这一雅号享誉全国，从这点来看，似乎每名科学爱好者都和魔术师的命运脱不了关联。有则传闻说，热贝尔拥有一颗能说话的铜头，马姆斯伯里（Malmesbury）修道院的修士威廉（William）也曾利用这则传闻来丰富自己笔下的历史。

威廉的史书中描述，热贝尔会对着这个铜头念出咒语："在行星即将运转时即对恒星进行特定检视"，用魔法赋予这一铜头神奇的力量。于是，热贝尔不可避免地被当作了巫师。在探索自然的神秘运行方式中，热贝尔没有丝毫的犹疑。他不仅写书，还描述了一些神奇的装置，画出了一些奇怪的图样。如果你不懂他所描述的科学，那么对你而言，这些装置和图样如同鬼画桃符。

在自然科学刚开始回归欧洲的时代，任何钻研这一学科的人都会遭到怀疑。多数西方科学知识都奠基于希腊哲学家的成果之上，而希腊哲学家们从约公元前500年起，就已经开始探索宇宙及自然的奥秘。

随着希腊文明的衰落，这些知识渐渐失传了，或者丢失了。数百年后，阿拉伯人逐渐发现了古希腊图书馆的遗迹，开始了艰难的重建过程，阿拉伯人还在古希腊的知识中加入了自己的见解。然而，直到这些古希腊与阿拉伯的混合成果被基督教学者带回欧洲后，以拉丁语为母语的欧洲人才开始接受自然科学的研究。即便如此，在当时，也只有内行人士才会接受这些自然科学。在普通人看来，自然科学依然神秘——那些内行人士也因此背上了"巫师"的名号。

到了13世纪，铜头的传说从热贝尔转移到了另一个人身上，现在有人认为，铜头是德国巴伐利亚州（Bavaria）的艾尔伯图斯·马格努斯（Albertus Magnus）创造的。艾尔伯图斯是位伟大的《科学百科全书》的编纂者。但在英国，人们却普遍认为罗杰·培根（Roger Bacon）才是该书的作者。到了都铎时代（Tudor times），铜头再次易主，稳稳地成为了培根修士（Friar Bacon）的所属品。培根也是一位早期科学家，他总结当时的科学知识，写了一本厚厚的书。他旗帜鲜明地否定了魔法的存在，以自然与艺术（人类作品）解释了所有事物。因为他著述自然哲学，大众仍然将他视为巫师。培根过世后，成为了传说中那会说话的铜头的拥有者。

尽管这个故事明显是虚构的，但它的传说力度还是影响了现实。备受仰慕的牛津大学的两所院校［默顿学院（Merton）和布雷齐诺斯学院（Brasenose）］曾声明培根是他们的校友，但两者的声明都未必真实。虽然就存在的时间而言，建立于1264年的默顿学院与培根第二次居住在牛津的时间或有部分交集，但默顿学院建立的本意是为了教育沃尔特·德·默顿（Walter Merton）那7个高产姐妹的子女，故其不太可能成为培根的安居之所。

在布雷齐诺斯学院，这颗铜头似乎真实存在过。比起默顿学院的故事，布雷齐诺斯学院的故事更无趣。布雷齐诺斯学院厚颜无耻地声称培根属于他们学院，让人不得不佩服。布雷齐诺斯学院在1509年才开院，比培根的过世时间晚了200年。在当时，铜头的传说早已流传，学院大门上那个名为"布雷齐诺斯"的超大的铜鼻子，更让人相信它来自被毁于一场爆炸的铜头，这个鼻子似乎是那个铜头的残片。

到了16世纪，这个铜头的故事以及其他一些稳定流传下来的故事，被收集成栩栩如生而又朴实无华的故事集，名为《培根修士的著名史剧》（*The Famous Historie of Friar Bacon*）。随后，培根的经历又以戏剧的形式被带到了民间，这部戏剧基于罗伯特·格林（Robert Greene）的史剧《培根修士和邦吉修士的光荣史》（*The Honourable History of Friar Bacon and Friar Bungay*）而创作。这位史剧作家与威廉·莎士比亚为同代人，却被世人遗忘得一干二净。格林笔下的培根是一个浮士德式的人——实际上，很长一段时间，人们都认为《光荣史》抄袭了克里斯多夫·马洛（Christopher Marlowe）的剧作《浮士德博士的悲剧史》（*The Tragical History of Dr. Faustus*）。但马洛本人并不是故事的原创者，他利用了15世纪德国学者兼魔术师约翰·浮士德（Johann Faust）的传说作为资料。

真实的浮士德大约于1480年出生于德国符腾堡（Württemberg）。他上过大学，但他发现了一种简单的生活方式——预言未来和变魔术。这样的生活比上学有意思多了，于是他开始四处游走，在各种地方用各种手段赚钱。为了提高自己的声誉，他宣传自己已将灵魂出卖给了恶魔。马丁·路瑟（Martin Luther）对这个声明信以为真，称他为邪恶力量大师；其他人则认为，浮士德是个投机取巧的江湖骗子，危险人士。1528年，浮士德被赶出了英戈尔施塔特城（Ingolstadt）。市政府记录中写道："以此令告知那位自称来自海德堡（Heidelberg）的约翰·浮士德博士不得继续在此城生活，该人士须保证不因此令之颁布而报复或愚弄当地政府。"

浮士德死后，他的形象成为了传说散布全欧洲。马洛的《浮士德博士》（*Dr. Faustus*）就讲述了一个为力量痴迷的人。他出卖自己的灵魂，得到了知识和影响力。故事的最后，这个人为自己的行为后悔不已，然而为时已晚，他无法在诅咒中得到救赎。显而易见，这就是最早的疯狂科学家形象。浮士德没有在意真正重要的事——自己的灵魂；相反，对知识疯狂的追求，让他将自己出卖给了恶魔。

这些中世纪的故事描绘了一幅画面——人类"玩弄着谁都不懂的力

量",而这幅画面也有很多现实成分。科学的确将人类生存推向了危机——不是因为那些掌握着实验室的疯子的存在,不是因为知识从某种程度上扭曲了科学家的大脑,而是因为人类对探索未知有着无法阻挡的热情。然而,当时的大众却更偏向于将这样的热情投向科学之外的事业。

正是探索的热情,让第一批人进入了美国西部,让《星际迷航》(*Star Trek*)勇敢地去往无人踏足之地。这样的探险必然会将我们带入险境。我们尽力降低危险,却无法完全将危险消除。科学将一直与危险相伴,正如人类生存也一直与危险相伴。随着我们的科学向更深入、更接近事物本质的方向发展,潜在的危险也会随之增加。

上述观点可以解释人类历史上曾真实发生过的一次行动:2008年,一个组织试图以法院禁令的形式阻止那台人类有史以来所建造过的最大机器的启动。这个组织坚信,开启这台机器就会摧毁这个世界。他们认为,这台机器不光会杀死所有的人类,还会威胁到我们所知的整个现实世界的存在。

2　大爆炸与黑洞

现在越来越清楚，在某种意义上，宇宙提供了唯一的、能达到足够极端条件的实验室，用以检测粒子物理学的新观点。宇宙大爆炸的能量远比我们在地球上所能制造出的能量高得多。

——马丁·里斯（Martin Rees）（1942—　）

1988年，射电天文学家马丁·里斯在书眉上作出评价，指出我们永远不能在地球上创造出足够剧烈的环境以满足某些亚原子物理实验中所需的极端条件。那时，这个评价还算恰如其分。但20多年过去了，我们的粒子对撞机的能力已然超越了当时的一切可能。我们或许无法再创大爆炸那般规模的宇宙混沌（不过这也并没有什么妨碍），但我们仍能在小范围内接近极端条件。而这却又引起了人们忧虑，因为在粒子物理学实验中，某些元素足以将任何人渲染成科学怪人。

大爆炸警示——在众多宇宙诞生理论中，大爆炸只是其中一种，只是目前的证据大多支持大爆炸理论（为了迎合数据，这一理论也在被不断歪曲）。这些证据并非直接证据，与此同时，也有一些其他理论与这些证据相符。我提及此点的目的，仅为方便叙述，以便在后文中提到大爆炸时，各位读者会将大爆炸当作确实发生过的事件，虽然大爆炸的概念仍存有相当大的不确定性。

粒子物理学与科学狂人的形象被大人们联系在了一起，这并不令人感到惊讶。我们正在做一件事：将尚处于幼稚状态的科学与昂贵到遥不可及的玩具结合起来——人们很清楚这样的后果有多可怕。为何说幼稚？因为对小孩而言，处理无法理解的状况的办法只有拍打，然后观察会发生的结果。今天的我们也做着同样的事，我们通过破坏事物，进而研究事物的运转方式，还有比这更幼稚的吗？为了将这一观点阐述得更透彻，我们先还原18世纪哲学家威廉·巴莱（William Paley）的思想实验。

在英国，巴莱曾经过一片石楠荒地，他想象了研究钟表的过程。他认为，如果你从未见过钟表，你首次见到该物件时一定会仔细检查。你会发现它的工艺非常复杂，通过猜测其功能以及组装方式，你能推断出钟表绝非如石头之类的自然产物，也非如石楠一样的野生植物。你会意识到，钟表一定是人工设计出来的。我们可用归纳推理的方式来认定，钟表的存在意味着其设计师的存在。

在巴莱的观点中，该案例可类比至地球生命问题。在他的观点里，地球生命也存在设计师。他说：

> 夫发明设计，皆留表征与痕迹，见于钟表，亦见于自然；不同之处，乃见于自然之鬼斧神工，是为一切精密计算所不能及也。

对于巴莱在荒地里以钟表为模型得出的有关生命的结论，现代生物进化论背后的机制（包括自然选择）已将其证伪。在科学研究中，普遍采取的方法仍然是通过仔细分析钟表如何运转，进而判断这件东西为何物、作何用。然而，粒子物理学所采用的方法却截然不同。举一个粒子物理学研究的例子——科学家可能会用一个大锤使劲砸碎手表，同时飞速按下相机快门以抓拍齿轮、弹簧以及其他飞出的组件的轨迹。然后，他们会试着通过这些照片展开研究，看看在刚才的瞬间，这块手表发生了什么。

现代粒子物理学所进行的工作，就是寻找更强劲、更完善的方式让粒子相互撞击。这一领域的科学家们并不会小心翼翼地去尝试研究粒子的性质——这与某些工作截然不同，比如考古学家的工作，就是煞费苦心地替遗迹掸去古尘。如果让一个粒子物理学家去做考古学家的工作，他/她或许会用炸弹将那个遗址炸开。粒子物理学家们不顾一切地加速粒子运转，让它们接近光速，然后让它们互相迎面撞击，这一过程像极了小孩子的终极梦想。粒子物理学家小时候肯定也像这样碰撞过他们的玩具汽车，加之少年时代对大型机械和地下实验室特有的热衷——粒子加速员能造就一整套理想中的"詹姆士·邦德（James Bond）"系列电影。

要见识疯狂科学的极致潜力，我们必须去往一个偏僻的地方，它位于瑞士日内瓦（Geneva）附近，是欧洲核子研究中心（Conseil Européen pour la Recherche Nucléaire，CERN）的坐落处。CERN 是个大型国际研究组织，它建造了人类所能设想出的最大机器——大型强子对撞机（Large Hadron Collider，LHC）。"大型"这个词或许还太不贴切，LHC 可谓"巨型"。不过，路人并不容易看到这台机器，因为科学家们将这台机器像《007》里的反派那样建在了地下。

想象一下，有一个 17 英里（27 千米）长、2 英尺（3.8 米）宽的环形隧道，能轻易地容下一辆汽车在其中任性行驶。隧道中部，有一条巨大的金属管道，横跨瑞士和法国国界。通过这个管道所发生的迁移活动或许会让移民局的官员们犯愁，因为管道中的乘客能在 1 秒内无数次来回穿梭于两个国家之间。这个环形隧道是个非常棘手的传送带，隧道中有一些如房子一般巨大的电磁铁，它们将粒子在隧道中来回推搡。而这台机器所需的电量，大到能与整座城市的供电用度媲美。在环形隧道里，粒子一圈一圈地飞行，其飞行路径由电脑控制。最终，电脑会使这些粒子迎头撞上某一台房屋大小的粒子探测器。

早在 2008 年 LHC 计划提上日程之前，CERN 就为众人所熟知了。CERN 的员工之一，英国计算机科学家，蒂姆·伯纳斯·李爵士（Sir Tim Berners-Lee）曾想出了一个别出心裁的方式，即使用当时刚崭露头角的互联网在地理位置相距遥远的实验室之间进行信息共享。他将这项发明命名为"万维网"（the World Wide Web）。在当时，这或许有点浮夸，毕竟刚开始的时候只有几个站点。但现在看来，这位"狂妄疯癫"的科学家给他的这个发明随口一题的名字，实在太贴切。

此外，在那之后，还有一件事让 CERN 名扬四海，而促成这件事的人有些出人意料——他就是小说家丹·布朗（Dan Brown）。布朗的小说《天使与恶魔》（*Angels and Demons*）（于 2009 年制作成电影）中有部分内容就是在 CERN 发生的。这部小说讲的是一种可能造成世界灭顶之灾的源头——反物质。尽管很多人第一次见到"反物质"是在电影《星际迷航》中，反物质以能源的身份出现在观众面前，但反物质在现实世界里的确真实存在。反物质与其他普通物质并无二致，只是其组成粒子与传统物质的电荷相反。

比如，一个电子带有一个单位的负电荷，其反物质等价物反电子（通常也称正电子）却带有一个单位的正电荷。其他一些粒子也有类似的反物质。当两个电荷相反的粒子（比如一个单位的负电荷和一个单位的正电荷）相撞时，它们会相互吸引，彼此杂糅融合，最后湮灭。

粒子的质量转变成了能量，尽管电子等粒子的质量很小，但爱因斯坦的著名方程 $E = mc^2$ 告诉我们，粒子产生的能量等于粒子的质量乘以光速的平方。这就是个很大的数字了。1 磅（454 克）反物质与 1 磅普通物质湮灭时，释放出的能量大约等同于一个普通电站运行 6 年时间所产生的总电量。

在原子中，负电荷环绕正电荷运转。在这样的情况下，上述的爆炸并不会发生，因为有核力在其中发挥作用，阻止两者相互湮灭；然而，物质与反物质却没有核力阻止其相互碰撞。我们都没在地球上见过反物质,因为它转瞬即逝,同时湮灭掉等量的物质并引发剧烈的爆炸。但是,反物质可以在实验室中被制造出来——CERN 就有这样的能力。

在丹·布朗的《天使与恶魔》一书中,CERN 制造的反物质被用于生产毁灭性炸弹,宗教狂徒想用这个炸弹炸掉梵蒂冈。小说中提到,1 克反物质产生的爆炸当量相当于第二次世界大战中摧毁日本广岛市的 20 000 吨原子弹。

更夸张的是,小说或许还低估了反物质的摧毁能力,或许不到 0.5 克反物质产生的爆炸就已足够严重。要知道,一旦反物质和物质碰撞,每个原子的质量都会按公式 $E = mc^2$ 的描述转变为能量,非常庞大的能量。为了突出反物质武器的优势,小说描述反物质炸弹是无污染的,在爆炸过程中不会产生如同核弹,尤其是氢弹那样的放射性破坏。这似乎足以让一部分美国空军兴奋,在 21 世纪初,就有流言称美国空军正在制造反物质武器。

2004 年 3 月 24 日,美国航空航天局先进理念研究所(NASA Institute for Advanced Concepts)会议在美国弗吉尼亚州(Virginia)阿灵顿市(Arlington)召开。这个会议本应像往常一样冗长而乏味,但"空军革新式武器小组"主任肯尼斯·爱德华兹(Kenneth Edwards)刚阐述完反物质的危险性,参会人员都猛然挺直了腰背,为自己的所闻错愕不已。

他向听众讲述了反物质(哪怕仅使用了微量)可能造成的破坏力。他举了一个生动的例子,讨论了 1995 年俄克拉荷马城爆炸事件,那次事件曾造成了 168 人死亡。他说,"要造成同样的破坏,只需五千万分之一克的正电子反物质,就能像蒂莫西·麦克维(Timothy McVeigh,俄克拉荷马城爆炸事件元凶)的炸弹一样,造成与 2 吨 TNT 同等威力的爆炸。

媒体一片哗然。4 个月后,爱德华兹的小组仍旧在宣传反物质,并认为所有人都应为这一技术感到兴奋。而后,这一小组杳无音讯直至今日。这种只需要装备一个微小体积的能源就能达成巨大毁灭效果的武器会被开发出来吗？这会是一个让所有知情者都闭嘴的《X档案》(*X - Files*，美国科幻剧）式阴谋吗？不太可能！与此相反，人们由此更清醒地认识到，反物质炸弹或许只是一场幻想。

军方突然间对反物质用作武器的兴趣高涨起来，这与丹·布朗的《天使与恶魔》一书有不可分割的关系。人们对这个故事的兴趣使这本书大获成功，同时也让这本书的主角在作者的后续作品《达芬奇密码》(*The Da Vinci Code*) 中继续出现。2009年，《天使与恶魔》电影上映后，同样的情况再次发生。但不幸的是，尽管电影中许多情节都以解谜和动作戏为噱头，但仍夹带了不少源自书中的"伪科学"。

我们可以原谅布朗在著书时对真理的粗心大意——毕竟这只是一部科幻小说。但该书的开篇就叙述了一个章节的"事实"，而该章内容与真实情况完全脱节。书中提到，"CERN最近成功研制出了第一批反物质粒子"。然而，事实并非如此。第一批反物质被研制出来的时间是1932年，那时，美国科学家卡尔·D.安德森（Carl D. Anderson）发现了反物质中的电子——正电子。布朗提到的"最近"，可能是指向的1995年，在《天使与恶魔》出版的5年前CERN制造出了反氢，即反物质"原子"，它与更易控制的带正电的反物质粒子（例如正电子）刚好相反。

布朗告诉读者，"反物质是人类所知的最强能量"。这句话本身没错，"仅1克反物质所蕴含的能量就能与20吨核弹媲美——相当于当初炸掉广岛市的原子弹的威力"。但严格地说，这句话半对半错，1克反物质只有在完全转变为纯粹能量时才能具有如此巨大的威力，但事实上这个过程并不会如此进行。人们必须使1克反物质与1克物质相结合，方能得到两倍的由质量转变而来的能量。那么，4年后肯尼斯·爱德华兹犯同样的错误是否巧合？或许不是！

即使我们作如下的假设：假设你是魔法师，魔法棒一挥就能拿出1克反物质，你也不一定能引起爆炸的发生。爆炸发生的条件并不仅依赖于足够的能量，还依赖于能量的释放速度，可控燃烧与爆炸的区别在于反应时间。足够量的物质全部瞬间燃烧成就爆炸，仅有能量的存在不能保证物质会发生爆炸。

举个简单的例子：TNT 和汽油谁更易爆炸？当然是 TNT，它专门用于炸药。但它们谁含有的能量更多？答案是汽油！相等重量的汽油所含能量是 TNT 的 15 倍，区别是 TNT 的能量能瞬间爆发。由于我们从未能真的将 1 克反物质和 1 克物质结合在一起，所以我们并不知道，二者结合时会是各粒子一个接一个地发生反应，还是能瞬间全部发生反应以产生短时间内的能量转变，即爆炸。

带着这些"事实"回到《天使与恶魔》一书。书中说（引爆）反物质不会产生污染或辐射，因此，反物质是一种洁净的能源——这简直是大错特错，因为反物质和物质结合会产生伽马射线，这是超高能量的电离辐射，其威力远超 X 射线，对生物组织能造成毁灭性伤害。放射性落下灰所造成的持续性伤害正是伽马射线产生的。

在"事实"章节的最后，布朗终于有了正确的言论："直到最近，人类也只制造出了极少量的反物质。"但接着，他又说一些不那么正确的言论，"CERN 现在已有了新的反质子减速器，这是一种先进的反物质生产设备，能大量生产反物质。"

反质子减速器确实存在，该装置旨在使反质子降速以使其易于掌控，不会冲进物质中而瞬间湮灭，但它并非用来制造反质子的设备。退一万步说，即便 CERN 能制造出比初时数目更可观的反质子，也只能达到每次约 100 万个粒子的制造规模。欲使这些粒子在质量上累积达到肯尼斯·爱德华兹所说的"与俄克拉荷马核炸等量的 2×10^{-8} 克反物质"，需要上述数量的 100 万亿倍。

在地球上，目前实在没有任何地方、任何方法能快速产出足够量的反物质，以满足反物质武器项目的需求。以目前的速率，仅生产 1 克反物质就得花上百万年的时间。丹·布朗在他的书中承认了一个问题——他将生产反物质类比为仅为生产一桶石油而去建造一个石油开采平台，这样的石油生产方式显然不具有效率且浪费钱。

不幸的是，布朗认为，"石油开采平台一旦建成，剩下的工作就是采用固定的技术开采石油，反物质的生产也是一样。一旦生产装置建设完备，剩下的工作就是采用相同的技术生产更多的反物质，克服了初期的建设成本问题，后期生产则相对低廉。"对石油生产来说，这确实是正确的，但对反物质来说却未必如此。反物质生产需要大量经费，生产效率也是一个大问题。

要将反物质与高效能源联想在一起非常容易，因为每克反物质产生的能量比其他任何能源、包括传统的核能都要多得多。就这点而言，反物质确实具有高效的特点。但效率还有另一层不那么乐观的含义。作为一种有实用价值的能源，在生产这一能源时所投入的能量，必须要低于其能够产生的能量。

相比反物质湮灭时所产生的能量，生产反物质所需要的能量要多出许多。想象一下，如果要用两桶石油的能量来生产同样的一桶石油，恐怕你就不会想去生产石油了——因为这不具有任何商业价值。同样的，你也绝不会把反物质当作能源使用，除非你不用去生产反物质就能得到反物质，反物质不是能量来源，而是能量黑洞。若将制造反物质所需的能量用作他途，或许比使用反物质生产能量更好。

而且，你还得找个地方来安置反物质，这可不是什么小事——事实上，这是个巨大的挑战。无论与何种物质构成的器材相接触，反物质都会将其破坏——将反物质装起来，可不像盛放强酸那般容易，只需找到合适的耐酸材料。对反物质来说，无论你用什么类型的器皿，它都能将其破坏。那么，科学家们在应对他们手上的那点痕量反物质时又是如何处理的呢？他们使用了非实质性容器（insubstantial container）——一种利用电磁斥力托住反物质的容器。

到过中国上海的游客也许有过下述经历。在那里，人们可以从浦东机场乘坐磁悬浮列车到达市区。这种列车没有车轮，它是靠磁悬浮技术托举在轨道上的。就像两个磁铁玩具会相互排斥一样，布设于列车和轨道内部的强力电磁铁会相互排斥，将列车从轨道上撑起少量距离。

盛装反物质的容器（又叫"阱"）有类似的工作原理。容器中的空气被排出，使容器尽可能达到真空状态。规划好的强电磁场从不同方向作用于容器内部，在容器中心制造出一个窄点，于是，所有带有相同电荷的物质都会因排斥力而被固定于此。带电的反物质粒子——尤其是正电子（反电子）或反质子——被注入阱中并由磁场悬空固定，不会接触任何常规物质。

阱在《天使与恶魔》中描写得非常详尽（尽管书中所使用的阱的外观太过完美且影视化）。但在书中写到梵蒂冈藏有一颗反物质炸弹的情节时，布朗又毁掉了上述的全部构想。当瑞士近卫队想搜查这颗炸弹时，书中的女主角告诉他们，反物质具有和纯氢一样的化学性质。

现在，用反质子作原子核、正电子替代普通电子来制造反氢原子是完全可行的。正如我们所知，CERN 在 1995 年就已将这样的反原子制造了出来。但反原子诞生的瞬间必将湮灭，因为它无法储存。与带电粒子不同，中性的反原子无法被固定在电磁场阱中，也无法对其进行控制约束。所以，反原子只能如昙花一现。若如布朗所描述的那样，炸弹中的反物质具有与氢相同的化学性质，那就无法安全地将其悬浮固定，电磁场阱也不能起作用。

利用了正电子和反质子的反物质喷射机更切合实际，但它也同样面临着一个问题。想象一下，当我们向电磁场阱中不断注入越来越多的正电子时，将会发生何种情况。每一个正电子都带有正电荷，它们相互排斥。我们注入的正电子越多，要将正电子维持在适当位置就越困难。只有极少量的反物质能被储存在阱中，而不至于因互斥力过大而导致泄漏。

不过，反原子就没有此类问题，就像《天使与恶魔》中描述的反氢原子。因为原子是不带电的，正如普通物质构成的瓶子可以大量储存普通的氢，大量反原子也能存入反物质瓶中。但地球上没有物理容器或磁性容器能储存这些反原子并阻止它们与周围物质相碰而瞬间湮灭。我们做不出反物质瓶。

我们确实有过驾驭大量危险带电粒子的案例,尽管只是在核聚变的托卡马克(tokomak)内部。托卡马克是一种巨大的磁性容器,形状如同一个甜甜圈,用来容纳像太阳那样的等离子体,这些等离子体有望在某一天成为聚变发电的核心部分。尽管等离子体并不是反物质,但它在接触到托卡马克的容器壁时也会产生极强的破坏力。而且,在托卡马克容器中的物质数量,比起任何反物质阱中的反物质数量更大,例如位于英国牛津郡卡勒姆(Culham)科学中心的欧洲联合环状反应堆(Joint European Torus)的托卡马克就如此。但托卡马克构造庞大,其规模相当于一座办公楼,不便运输,所以该装置肯定不能用于运输反物质炸弹。

在谈及储存反物质之前,先不论储存的量有多少,至少人类得制造出反物质。在地球上,随时都会有少量的自发产生的反物质——例如,来自核反应的产物或来自宇宙射线对大气层的作用。通常,这些粒子会瞬间湮灭,我们来不及对其采取任何措施。但如果我们能足够迅速地捕捉到这些粒子,这些粒子就能在医疗设备上派上大用场,比如用于正离子发射计算机断层扫描仪(又称 PET 扫描仪)。

为了使 PET 扫描仪工作,一种构建于能被人体代谢的大分子之上的化学物质(通常是一种糖——氟脱氧葡萄糖)将被注射到血液循环中,这种物质携带有少量的短半衰期放射性同位素,例如碳 11 或氟 18,这类同位素在衰变时会放射出正电子。机体会将这些大分子转运进组织中,而这些大分子携带着示踪同位素。

放射性物质一旦释放出反电子,后者即会与普通电子相互作用并转化为能量,这一能量的表现形式为一对高能伽马射线光子。这两束伽马射线以相反的方向发射,形如甜甜圈的探测器会对病人相应部位进行检测。在探测器里,伽马射线与一种名叫闪烁体的物质发生反应,闪烁体受伽马射线光子激发,闪烁出低能量的光。

这种方法与第一次发现核衰变时所采取的方法是相同的,不过在检测核衰变时,闪烁体必须用肉眼或显微镜在暗房中观察。而 PET 扫描仪的环状结构里同时还包含用来检测发光的电子元件,将同时出现在环状结构两侧的微弱闪光转换成电信号，记录在电脑里，并由电脑将医生想要扫描的病人身体部位的横截面重建为连续的断层图像。

PET 扫描仪就是一个实例，利用了半自然来源的反物质粒子。这些反物质由原子核裂解的方式而自然产生，但那些不稳定的、半衰期很短的同位素却是利用仪器（例如粒子回旋加速器）人为制造的。粒子回旋加速器是一种小型粒子加速器，大小通常如一辆 SUV 汽车，置放在部署了 PET 扫描仪的医院。

要得到全天然来源的反物质，也许还有一个更加引人瞩目的可能：或许有另一个由反物质构成的宇宙存在，前提是我们能到达那里。在宇宙大爆炸之后、物质最初形成之时，并无什么特别的原因可解释为何一定要形成常规物质。宇宙大爆炸之后的瞬间形成了极高能状态，此时，能量会持续转换为成对的物质与反物质粒子。理论上说，物质和反物质的量应该相同，它们会在相互作用下彼此湮灭，留下纯能量的宇宙。

这个现象并未发生，人们在解释其原因时通常会假定物质与反物质的性质有微妙的不同，于是就有了少量比例的额外物质——所有等量的物质和反物质相互抵消，留下了这些额外的物质。俄罗斯物理学家安德烈·萨哈洛夫（Andrey Sakharov）提出了这一理论。他认为，每 10 亿物质和反物质相互抵消，会有少量的粒子留存下来，也许少到 1 颗粒子的水平，但这已然足够。

还有其他人推测，最初存在的反物质并未被湮灭，宇宙以某种方式被割裂开了，另一部分宇宙有大量的反物质存在——那部分的宇宙的尺度可能和我们所能观察的宇宙尺度一样。假如，这两个宇宙撞到了一起，能量会喷涌而出，让每颗可见的超新星都聚成团，就像在黑暗中划燃火柴那样熠熠生光。

更现实的情况是，反物质通常在实验室里由高能碰撞产生，比如将光子发射向金属物目标所发生的碰撞就能产生反物质。反物质并非由物质产生，而是由能量的碰撞产生，如同宇宙大爆炸之后那沸腾的能量中所发生的，大量的能量能自发地转化成粒子对——一半是物质，一半是反物质。

这是爱因斯坦 $E = mc^2$ 方程的逆方程，能量转换成了物质。新产生的粒子对通常会到处乱飞，反物质会很快撞上物质发生湮灭，回归为能量。然而，在实验室里，反物质被制造出来后，反物质粒子会被送进带电粒子的汪洋作减速，带电粒子会吸取反物质粒子的能量，减缓它的速度，最终在一个磁场中将其捕捉并储存起来。这是个精细的过程——阻尼作用过大会使反粒子在制动媒介中湮灭，只有阻尼恰到好处才能得到反粒子。

真为丹·布朗的粉丝感到惋惜，在《天使与恶魔》一书中，除了世界依旧存在的设定，书中其他多数情节均存在错误。我们即便能设法制造出足够的反物质，也只能在阱中储存极少量。任何能储存反物质的储存器都无法运输，且我们也无法储存不带电的反物质。因此，反物质炸弹或者任何其他的反物质武器，都不见得能在 CERN 实验室中问世。在可期的未来，反物质也不大可能对世界造成威胁。

对 CERN 中所存在的具有潜在摧毁性的力量来说，反物质产品只是相对平凡而规模有限的一个类别。大型强子对撞机现已火力全开，其产生的能量密度是人类史上前所未有的，且没有危险，不存在摧毁整个宇宙或引发宇宙大爆炸（尽管其能量颇高，但相比真的大爆炸只是"小儿科"，早期宇宙的能量太大且有太多的自然宇宙事件）。不过，LHC 还有其他两种可能会制造出能毁灭世界的材料。

CERN 的所有科学家都清楚，那些显而易见的危险来源不足为患，因为他们将这些危险来源中的风险都降低了。不过，他们无法安心太久。对旁观者来说，LHC 有太多值得忧虑的理由。之后，我们将会看到，有人企图乞求政府下达禁令以防止 CERN 的科学家摧毁宇宙。

最危言耸听的 LHC 产物是一个与粒子差不多大小的黑洞。让我们暂时回到好莱坞电影中对黑洞的形象刻画，在我们担心黑洞能做什么之前先了解一下它是什么。好莱坞让人相信，黑洞是一个无休止的真空吸尘器，挡道者格"吸"勿论。随着黑洞将越来越多的东西吸入它那无法逃离的引力场，它的引力强度会不断增强，强大到甚至能毁灭整个银河系。

在研究 LHC 能制造出什么之前，有一点非常值得我们留意——黑洞只是个理论概念，没人亲眼见过，也没有人对其做过实验。我们只有理论以及间接观察，这个理论强而有力且在很大程度上可能为真。但也存在一些另外的解释方式，这些我们认为的由黑洞造成的现象并不一定真实存在。不过，需要对黑洞的支持者说句公道话（这也是大多数天文学家及宇宙学家的观点）：在解释宇宙现象时，黑洞存在的理论基础比其他理论基础要好。

我们基于两条推论假设了黑洞的存在。第一线索认为，黑洞的存在看上去是某些特定物理学过程的必然结论，哪怕这些物理过程从未在现实中真正发生过；另一线索则是，多项深空观测的结果似乎也揭示，黑洞并不仅是推测。

佐证黑洞存在的物理过程，来源于定义星体生命周期变化发展规律的理论。我们从未在某颗星体生命周期的大尺度时间范围内去观察它的变化发展过程，因为这通常需要上百万年的时间。但我们观察到了足够多的、不同发展时期的星体，并以此佐证黑洞形成的理论是正确的。

令人称奇的是，早在 200 多年前，人们就构想过某些特殊的星体不会发光。生于 1724 年的英国天文学家、地质学家约翰·米歇尔（John Michell）就构想出了第二宇宙速度（逃逸速度）的概念，这个概念也是我们实施太空计划的关键——你向空中抛出一个球，球会落回地面，并不会逃离地球。

牛顿引力理论让米歇尔知道，球之所以无法逃离地球，是因为它逃不出地球的牵引。如果球不能达到足够的高度，地球引力就会使其产生向下的加速度，减缓它上升的速度并将它拉回地面。如果米歇尔所在的时代有人构想出了超人，并想象出超人能以 11.2 千米/秒的速度抛出一颗球，那么，这颗球就能脱离地球引力。

似乎这个最低速率并不足以将火箭送入太空，在卡纳维拉尔角

(Cape Canaveral）见过火箭发射的人都知道，航天探测器的起飞速度低于 11.2 千米/秒。

首先，我们可以作个弊，在靠近赤道的区域向东发射火箭，使其逆地球自转方向旋转，我们只需达到 10.7 千米/秒左右的速度就可以了，因为地球的自转使火箭加速了。更重要的是，火箭离地球越远逃逸速度越小。火箭一直处于能使其缓慢飞高的动力作用下，只要它能不断上升，就能最终脱离地球。在这一上升过程中，火箭所需的逃逸速度越来越小。然而，对超人来说，要将球扔进太空，必须在瞬间使球达到逃逸速度，因为球脱离超人的手后再无其他动力推动它继续上升。球飞上天之后受到的唯一作用力就是重力，这解释了球在刚抛出时就需要如此高的速度的原因。

米歇尔曾设想，如果他处于一个更大的星球上，或者处于一个和太阳一样巨大的恒星上，逃逸速度将会如何变化。牛顿认为，重力大小会随着星球质量的增大而增大——你所在的恒星越大，逃逸速度也会随之增大。米歇尔思索，如果恒星质量太大以至于其逃逸速度超过了光速，会发生什么？如此，光将无法摆脱星球——不会有光被释放出来。哪怕整颗星球表面都燃烧着熊熊烈火，看上去也是一片黑暗。[但米歇尔并未将这个概念称为黑洞——黑洞这个名字是美国物理学家约翰·惠勒（John Wheeler）于 1969 年构想出来的。]

米歇尔的想法于 1783 年刊登在《皇家学会哲学汇刊》（*Philosophical Transactions of the Royal Society*）上，但无人理睬。他的想法只是个假设，与抽象哲学中"大头针能承载多少天使跳舞"的话题一样，二者并无差别。（显然，后面一个话题并非真正的中世纪哲学问题。这个话题出自现代构思，人们认为可以以此为例，说明中世纪的学者们的思考。）

直到 20 世纪早期，人们才构思出了一种方法，实现了用数学的精确语言展望黑洞。在当时，爱因斯坦刚得出广义相对论预言。他预言光会受重力影响，大质量物体（如恒星）会扭曲空间结构。光穿过扭曲的空间时，其路径也会扭曲，使沿直线传播的光束发生弯曲。

德国物理学家卡尔·史瓦兹旭尔得（Karl Schwarzschild）受此启发，他思考恒星要大到何种程度才能扭曲光的路径。1916年，正是第一次世界大战战火四起、硝烟弥漫之时，史瓦兹旭尔得在战场上提出了这个概念。他用爱因斯坦方程和数学方法描述了恒星对光的作用，这一过程实在令人叹为观止。概念本身并不稀奇——稀奇的是从数学中得出的一个奇怪的可能性。正如米歇尔从逃逸速度猜想中得到的，史瓦兹旭尔得证明了足够大的恒星能极度弯曲光线，于是，光线不能自恒星射出转而进入其自身内部，回到恒星。

史瓦兹旭尔得认为，这不过是个数学细节，得不到实际印证，因为扭曲空间不仅对恒星的质量有要求，还对恒星的大小有要求。只是恒星的质量大还不够，还需要恒星的体积比迄今为止发现的任何恒星都要小。以太阳为例，其直径为 1 400 000 千米，这个直径对恒星（确切地说是黄矮星）来说已不算大，但如果要让太阳的质量足够集中以形成黑洞，还需将其直径缩小到仅为 3.2 千米的长度。

此后，引领曼哈顿计划的印度物理学家苏布拉马尼扬·钱德拉塞卡（Subrahmanyan Chandrasekhar）以及美国物理学家罗伯特·奥本海默（Robert Oppenheimer）研究了史瓦兹旭尔得那奇异的致密恒星的现实性，他们发现了压缩太阳直径的可能。所有恒星的质量都很大（比如，太阳的质量是地球的30万倍），恒星中的物质因巨大的引力而聚拢，像我们揉纸团那样被持续压缩。在恒星活跃时，其内部的核反应会产生向外的压力，这种压力保持恒星"蓬松"；一段时间后，恒星核内的燃料会逐渐燃烧净尽，这种压力也会随之减小，最后恒星开始坍塌。

现在，又有其他的物理量发挥了作用——量子特性，名为"泡利不相容原理（Pauli exclusion principle）"。该原理指出，物质中距离相近、性状相似的粒子一定会有不同的自旋参数。有了这个条件，即使恒星冷却，也不会发生重力坍塌，除非恒星的质量过大且超出了泡利原理的范围。恒星发生重力坍塌，其质量必须为太阳质量的 1.5 倍上下（所以，太阳不能成为黑洞）。

有时候，这样的恒星会爆炸为超新星，向宇宙中撒下较重的原子。如果恒星没有形成超新星，根据理论，恒星会收缩且越变越小，引力场越来越强，直至光无法逸出——它成为了黑洞。在理论上，这样持续不停的收缩无法阻止，它会一直持续直至奇点形成。奇点是位于黑洞中心的、密度无限大的点。

我们所能看到的黑洞表面（确切地说，我们看不到它的表面），并非像普通恒星那样由物质构成。成为黑洞的恒星残骸，其边缘比黑洞的边界小得多，我们将黑洞的边界称为"事件视界"。黑洞的表面只是引力场半径所抵达的位置。在这个距离以内，引力会强到让光也不能逃逸。

宇宙学家认为，宇宙中的黑洞，质量可小到仅为太阳质量的两倍，也可大到太阳质量的几千倍形成特大质量黑洞。这些科学家还认为，多数星系的中心都有特大质量黑洞存在。以常规方式形成黑洞，如果一个恒星的半径比黑洞形成的最小半径还小（大约是太阳半径的1.5倍），它将不能形成黑洞。然而在理论上，黑洞还有另一种形成途径。

如果能以足够的力量将所有（不管有多少）物质都挤压在一起，在理论上将能制造出一个黑洞——这一过程所需的力量要远大于一个恒星形成的引力。这样的黑洞不仅能通过恒星级别的质量形成，也能通过一小勺的物质来形成——无论勺子有多小。这就是 CERN 大型强子对撞机在做的事情了，部分人还认为这件事能对世界造成威胁。理论上讲，LHC 几乎能制成一个微观黑洞。

准确来说，与其说是 LHC 独立制造微型黑洞，不如说是 LHC 在另一个宇宙的小小帮助下得到了能量加成而制造黑洞。从目前最受支持的理论来看，就算是 LHC 所能达到的最高水平的能量也不足以产生一个微小黑洞。但是，部分理论指出，平行宇宙是存在的，重力会从一个宇宙渗透进另一个宇宙。于是，就有人认为，LHC 足以通过这额外的挤压力制造出微型黑洞。

如果这些微型黑洞真被制造出来，或许会激发起许多人的兴趣来探索那些邻近我们的宇宙。除了给黑洞本身设立一个令人神往的研究课题以外，LHC 还会持续提供有关宇宙本质的基础数据——这就是科学家们对对撞机如此痴迷，并坚信值得在对撞机上进行大额投资的原因之一。

那么，我们来想象一下，如果 LHC 真的制造出了微型黑洞会怎样。我们正在讨论的是一个压缩到比原子还小的物体，无论用什么方式均不能直接观察到它。如果套用好莱坞电影的模型，这一黑洞会被吸引向地球中心，像吃豆人游戏中的主角一样，黑洞将在一路上吃掉周围的所有东西，然后变得越来越大，最后吞掉整个世界。这就充分地解释了我们忌惮 LHC 的原因，如果真的出现了微型黑洞，我们就会眼睁睁地看着脚下的世界被吞噬。

但很幸运，这幅景象违背了现代黑洞理论中的重要一环——霍金辐射理论（Hawking radiation）。量子理论指出，在空间中，成对的粒子会不断闪现而出，通常这些粒子又会立刻相互湮灭而消失。这是能量和质量之间发生的永恒的量子交换的形式之一。但在黑洞的事件视界上，更容易发生一颗粒子被吸入黑洞中而另一颗粒子被射入太空的现象，从而形成霍金辐射——这个过程会让黑洞边缘散发出微弱的光芒。

物理学中，最基础的概念是能量守恒定律，这个概念在黑洞活动中扮演着重要角色。黑洞和粒子对相互作用的结果，就是黑洞能量的净减。黑洞每吸收粒子对的一半并释放出霍金辐射，就会失去部分能量。事实上，在这种小黑洞吞噬完所有东西之前，它自身就会消耗殆尽。

如果微型黑洞形成了（需要强调，只有在诸如平行宇宙引力场之类的某些东西加成在 LHC 能量之上时，微型黑洞才会形成），在我们能观察到这些黑洞之前，它们会消失——我们唯一能看到的只是黑洞转变成霍金辐射时溅射出的粒子。如果微型黑洞形成了，一定会受到大部分 CERN 物理学家的青睐——但它存在的时间极短，只能被间接观察，所以微型黑洞对我们的生存不存在威胁。

这样看，微型黑洞不太可能给我们带来破坏，一些人开始转而担心 LHC 制造出的另一样东西——奇异夸克团（strangelets）。我们来看看它是什么。尽管在关于奇异夸克团的存在问题上，人们堆砌了层层假说，但如果它能真的存在且其作用真如某些人的预言，LHC将有实力毁掉整个宇宙。根据假说，奇异夸克团是奇异物质构成的微小团块，这种物质形式有别于我们平常所见的物质。要了解奇异夸克团带来的威胁，我们需要先回顾下物质的本质。

上过高中物理课的人应该有记忆，物质（所有的）由3种粒子构成：质子、中子、电子。质子和中子位于同一振动束中，居于原子的微小的原子核里，电子分布在原子核外围的模糊云状区域中。这3种粒子曾被认为是基本粒子——无法分割为更小的粒子。今天，在人类的认知中，电子依然是基本粒子，但中子和质子则由更小的粒子夸克构成。

夸克这个名字由美国物理学家墨里·盖尔曼（Murray Gell-Mann）提出。他想让这个词和"dork"（呆瓜）同韵，但他仅在脑海里构思了这样的发音，却不知如何将它拼写出来。在思考这个名字后不久，他读到了詹姆斯·乔伊斯（James Joyce）的小说《尤利西斯》（*Ulysses*）中的句子，"向麦克老人三呼夸克（Three quarks for Muster Mark）"［注：此处为原作者笔误，此语句出自詹姆斯·乔伊斯的小说《芬尼根的守灵夜》（*Finnegans Wake*）。在书中，"quark"是象声词，用作模仿鸟叫］。这个词用得很巧妙，因为夸克总是三三成组地出现，但盖尔曼仍想保留自己最初想要的发音。但他的想法并未得到贯彻，这个单词拼出来与"bark"（犬吠）押上了韵。

夸克（不管发音）有不同分类，如同开玩笑一般，人们将这些类型称为"风味"（flavors）。这些类型包括："上夸克（up quark）""下夸克（down quark）""粲夸克（charm quark）"和"奇夸克（strange quark）"。注意这些名字仅是标签，奇夸克并不奇怪，粲夸克也不灿烂（同理，上下风味的夸克也并非指向上方或下方）。1个质子由2个上夸克和1个下夸克构成，1个中子由2个下夸克和1个上夸克构成。但如果用别的夸克来组成我们所见的物质——结果会如何？

我们已经知道反物质的存在。每个夸克都有其对应的反夸克——以

2个反上夸克和1个反下夸克的形式组成的质子为反质子——性如质子，但带负电荷而非正电荷。同理，反原子也可以存在，它由反质子和反电子（又叫正电子）组成。

还有另一种东西，它由更为概念性的构造方式形成——"奇异物质"。奇异物质并非由我们所熟知的粒子如质子、电子等构造，而是由夸克群组成。在奇异物质中，夸克群并非三三一组。这样的夸克群组成了一类稳定的物质，其中包含的上、下、奇夸克数量大约相同。

理论上讲，奇异物质应当比普通的原子核更稳定，且原子核也应能衰变为奇异夸克团，也即奇异物质的粒子，且此过程不可逆。但对任一特定原子核来说，形成奇异夸克团的概率太小——目前宇宙所有原子的寿命中，尚未有原子得到机会形成奇异夸克团。

如果奇异夸克团真的形成了，且与普通的原子核发生了碰撞，它会发挥催化剂的作用将原子核转化成奇异物质。这一过程会释放能量，通过这个能量又能催生新的奇异夸克团，持续循环。其结果为链式反应，与核电站中所发生的反应类似，不同的是前者发生在室温下的普通物质中，导致物质越来越迅速地崩解成奇异夸克团。

观察这个反应的人会发现，物质开始碎裂并成为不可见粒子。这一衰变的过程会扩散得越来越快，从理论上讲，整个地球都应消逝不见。这个不可控制的链式反应的最终结果，宇宙中的所有物质（哪怕是一粒尘埃）都将转化成奇异夸克团，就像宇宙大爆炸那样。

这听起来非常恐怖，但CERN的科学家坦言，类似大型强子对撞机所产生的能量碰撞，在自然界中时刻都在发生——只是它不像在CERN里那样受到控制且可以观察。然而，我们并未在宇宙间见到有物质分解成奇异夸克团。我们甚至不知道奇异物质是否能形成——我们从未探测到奇异物质。另外，我们还认为奇异夸克团只在很低的温度下才能保持稳定，随着撞击时的能量升高奇异夸克团的形成概率也将大大下降。既然在低能撞击下都未能形成奇异夸克团，那么对LHC的担忧就难以理解了。终究，我们需要进行太多的假设，才能让奇异物质的存在能具有微量的可能性。

以德国化学家奥托·罗斯勒（Otto Rössler）为首的一批大型强子对撞机反对者要求欧洲人权法院禁止 LHC 使用强子对撞机，但法院驳回了他们的诉求。法院拒绝了禁令的申诉，但允许此案被继续列入讨论。法院委婉地驳回了反对者的观点，因为在 LHC 启动后，这个案子会自然地销声匿迹。凑巧的是，2008 年 9 月，LHC 由于技术性错误瘫痪了，直到 2009 年 10 月才再次开始运转加速器中的粒子，首次粒子碰撞在 2009 年 11 月下旬发生。这一耽误让反对 LHC 的诉讼得以继续，只是欧洲人民想通过法律禁止 LHC 的企图最终并未成功。

美国法庭也发生过类似事件。退休的核安全官员沃尔特·瓦格纳（Walter Wagner）和科普作家路易斯·桑乔（Luis Sancho）引领发起了类似的诉讼，但被夏威夷地区法官海伦·吉尔莫（Helen Gillmor）于 2008 年 9 月驳回。法官裁决，由于美国在 LHC 项目中贡献不足，美国环境法规对 LHC 不具有约束力，因此 LHC 项目不在美国法院的司法管制范围之内。

这些忧心忡忡的人不只是在追求存在感，他们也不是骚扰狂，他们有一定的科学底子，真心实意地忧心着 LHC 完全运转起来的后果。但绝大部分科学家认为，这些反对者的忧虑只停留在假设阶段，完全不能成为阻止研究的理论基础。

对于人类的行为，我们总能构想出一个毁灭世界的结果，LHC 或许就是个极端例子。但就算是 LHC，毁灭世界的可能性也微乎其微，也许我们更应致力于在其他方面避免世界末日的来临，世界上还有更急迫、更实际的威胁可能会给我们带来大规模的毁坏。

很少有人会真的讨论到一件对人类存亡构成威胁的事实：自 20 世纪 40 年代以来就付诸实施的一项活动——原子能的使用及其令人惶恐的误用。

3 原子大破坏

> 倘若战争爆发,原子弹作为新型武器被加入军火库,或是在备战时某些国家将原子弹纳入武器系统,届时人们或许会对洛斯阿拉莫斯(Los Alamos)和广岛破口大骂。
>
> ——尤利乌斯·罗伯特·奥本海默
>
> (Julius Robert Oppenheimer 1904—1967),
>
> 《罗伯特·奥本海默:书信与回忆》
>
> (*Robert Oppenheimer: Letters and Recollections*)

纵观战争史,第二次世界大战是一场以科技取胜的战争,其中有精妙绝伦的德国密码和日本密码,还有恩尼格玛密码机横空出世;雷达技术的发展,让战机战舰在进入敌军视野前就能被侦察到;第二次世界大战还诞生了一项新科学——运筹学,这门科学将数学和物理技术应用在了战场,例如利用统计学推算深水炸弹分布的准确位置。不过,在这些科技中最引人关注的,还是核能被作为科技投入了战场。

20世纪70年代,我正值青春期。当时的人们都知道,核袭击随时可能降临,于是,我们每日都生活在惶恐中。读大学时,我曾认真考虑过,自己一旦毕业就搬到偏远的苏格兰岛上去。我当时认为,在那里从核弹浩劫中幸存下来的概率或许更大。原子武器以其不可估量的破坏力威胁着我们的生命，其所带来的破坏是一场浩劫。整个冷战期间，所有人都活在阴影的笼罩下，作家苏·吉尼（Sue Guiney）在纽约州法明代尔（Farmingdale, New York）写下了儿时的感受：

> ［冷战］是我童年生活的背景墙。所有的恐惧，无论是真实的或是想象的，都在脑海中挥散不去，充斥着我的每一个细胞……那年，我7岁，我记得我们做了一次防空演习，在学校的走廊上排队，老师让我们面朝墙壁，蜷缩着蹲下。我记得，我当时认为自己那弱小、弯曲的后背简直是飞坠而下的炸弹的完美目标。之后，我因此做了多年的噩梦。

原子武器威胁着整个世界，让那时的我们心惊胆战，而这一切都来自于20世纪30年代的一项发现——有人发现了潜藏于原子核中的破坏力。要知道原子核是如何被发现的，我们还要继续向前追溯，一直到回溯到1909年。那年，人类在通向原子弹的道路上迈出了重要的第一步。

1909年之前，人们认为原子只是一个带正电荷的球体，其内部分布着负电荷，类似于内部散布着水果粒的布丁的形态。不过，出生于新西兰的物理学家欧内斯特·卢瑟福（Ernest Rutherford）和他的团队证明，事实并非如此。在英国剑桥的卡文迪什（Cavendish）实验室，卢瑟福的助手汉斯·盖格（Hans Geiger）和欧内斯特·马斯登（Ernest Marsden）利用自然放射性元素镭的衰变制造了阿尔法粒子——一种质量较大且带正电荷的粒子。他们将阿尔法粒子射入一片金箔，观察金箔的原子会如何影响阿尔法粒子的飞行轨迹。

少数阿尔法粒子竟被反弹了回来，卢瑟福评价，"就像朝一张薄纸射出了一颗15英尺的子弹，它反弹了回来还打中了你。"剑桥团队的这一发现证明，原子中的正电荷集中在一个小而致密的核中，且这个核非常小。如果将原子比作一个大教堂，原子核只是一只在教堂里嗡嗡乱飞的小苍蝇。

3　原子大破坏

卢瑟福改变了我们对原子结构的认知，不过，他对自己这一发现的现实意义所做的评论表明，他当时并未意识到原子核的潜力。在 1933 年接受《纽约先驱报》（*New York Herald Tribune*）的采访时，他说："原子分解所产生的能量微乎其微，期待通过原子核转变而带来能源的人不过是在痴心妄想。"

卢瑟福所提到的是核裂变概念，核裂变这一名称源自生物学中的细胞分裂（一个细胞分裂为两个细胞）过程。1917 年，卢瑟福首次使原子核发生了分裂，在此次试验中，他再次用到了阿尔法粒子，但这次的靶标不再是金箔而是氮气。1932 年，他的助手约翰·科克罗夫特（John Cockroft）和欧内斯特·沃尔顿（Ernest Walton）将这一项目进一步推进。在此次试验中，他们用人工加速的质子（原子核内带正电的粒子）冲击锂元素，并成功将锂原子分裂为了两个阿尔法粒子，这就是卢瑟福提到的"原子分解"。撞击原子的过程本身需要消耗大量能量，所以，即使核裂变过程释放了能量，似乎也没太大的用处。

在卢瑟福否定核能时，他忽略了核裂变这一过程是可以自发持续进行的。将他称谓的"痴心妄想"变为真，由一个背井离乡来到伦敦的匈牙利人在过街等待红绿灯时解决了。他就是年轻的物理学家——利奥·西拉德（Leo Szilard）。当时，他住在伦敦罗素广场（Russel Square）的帝国酒店，在毗邻南安普顿街（Southampton Row）的广场角落里等待红绿灯，他一边等待一边思索着卢瑟福发表的观点。突然，似乎是绿灯的亮起提醒了他，一个想法闪过脑海。

"我突然想到，"他后来说，"如果我们能找到某种能被中子分裂的元素，这个元素在吸收一个中子后能释放出两个中子，只要这一元素聚集起来的质量足够大就能维持核裂变的链式反应。"如同从银行账户里获得利息一样，你投入一个中子，然后能得到两个中子，投入两个就能得到四个——以此类推。只要加以控制，这个过程就能自发地持续进行。当然，它也可能会失控，每次裂变反应都会成倍增加下一次的反应速度。

就在利奥·西拉德准备过街的几分钟时间，与核反应和原子弹相关的重要的关键的想法闪现在他脑海。（这是几年之后他自述的版本。事实上，科学家对瞬间灵感的夸大非常频繁。）

与那个年代的理论物理学家不同，西拉德于1934年3月12日将自己的理论送去了专利局并获取了专利。那时的他认为，最可能发生这一链式反应的元素应当是铍。铍金属质量轻，呈灰色，在元素周期表中排行第4。在他的理论发现之前，就有人将铍元素和中子的产生联系在了一起，因为在发现原子核内电中性粒子的过程中就有铍的参与。

西拉德的朋友兼同事，匈牙利物理学家尤金·魏格纳（Eugene Wigner）在普林斯顿（Princeton）大学任职。他出差来访伦敦时，西拉德决定和他一起深入虎穴，挑战卢瑟福"妄想"之说的真实性。毕竟，卢瑟福有个实验室能验证西拉德的想法。作为理论家，西拉德是没有办法（或者不愿意）自己开展这样的实验的。西拉德想通过自己的才华说服卢瑟福，告诉这个举世闻名的科学家，一个自命不凡的匈牙利年轻人比他厉害。

但事与愿违，两人的性格冲突导致说服失败。卢瑟福性格直率，作为年长者，他并不认为西拉德获得了专利就有什么了不起。这名新西兰科学家认为，申请专利并不是一个真正科学家应有的作风——科学家之间的信息分享应当是慷慨大方的。再者，西拉德自己也搞砸了自己的机遇——他想迎合卢瑟福的爱好，但这遭到了失败。他知道卢瑟福发现了阿尔法粒子，所以他一改初心，未采用中子来描述链式反应。为了迎合卢瑟福，他采用了质量更大一些的阿尔法粒子描述了相似的过程。卢瑟福知道这一实验肯定不会成功，舍弃了这一想法，且再未思考这一反应能否采用中子展开。

西拉德早就思考过核链式反应的基本前提，但他只是个纯粹的理论家，如何才能使这一链式反应发生？对其中的具体细节问题他毫无办法，这也正是他接近卢瑟福的缘由。他已拿出了神灯，却无法将精灵从魔瓶里放出。放出精灵的责任则落到了奥地利物理学家莉泽·迈特纳

（Lise Meitner）和德国化学家奥托·哈恩（Otto Hahn）的团队身上。

1938 年，迈特纳与哈恩留意到意大利科学家恩里科·费米（Enrico Fermi）做了铀原子核裂变实验。铀是一种自然形成的放射性元素，主要有两种同位素，常见的是铀 238，其次是铀 235，后者的原子核比铀 238 少 3 个中子，罕见且稳定性更差。

迈特纳和哈恩指出，铀原子核裂变时会释放出 2~4 个中子，同时释放出大量能量。释放出的中子可能会撞击到其他铀原子核，导致被撞到的铀原子核发生裂变，进而释放出更多中子。如此，则会如西拉德所设想的那样发生链式反应。只要控制得当，该链式反应就能通过裂变产生可资利用的能源。原子核裂变，根据爱因斯坦的深入人心的公式 $E=mc^2$，原子核内的小质量将转变为大能量（公式中 E 代表能量，m 代表失去的质量，c 代表光速）。如有上百万的原子核裂变叠加累积，将形成可观的可用能源。

但迈特纳和哈恩的实验还存在另一种情况——反应不受控。理论上，第一次裂变应该能产生至少 2 个中子，每个中子又能各使 1 个原子核发生裂变，从而产生至少 4 个中子，然后产生 8 个，以此类推。在成倍增加的情况下，短时间内会有大量的原子核释放出能量——该裂变反应模型的能量来源不纯净，无法稳定地供给发电站，它会像巨大的炸弹那样瞬间爆炸。

20 世纪 30 年代以前，尽管科学家还未形成利用核电的概念，但英国科幻小说家赫伯特·乔治·威尔斯（Herbert George Wells）却早在 1913 年就构想过利用那些被固锁在原子内的能量。在《解放全世界》（*The World Set Free*）一书中，威尔斯描述了一种想象出来的武器所造成的大毁灭。他将其称为"原子弹"——第一次，这个名字以这样的组合方式出现了。威尔斯的书出版了，但第一次世界大战很快就接踵而至。鉴于战争带来的恐惧，人们很快将威尔斯的设想弃之一旁。在这场"止战之战"中，即便原子弹尚未加入也早已哀鸿遍野，威尔斯设想的大毁灭显然更为惨绝人寰。但几年过后，威尔斯所构想的词卷土重来，成为了真实的威胁。

　　有趣的是，在《解放全世界》一书中，我们还能看到作者的第一条构想是"互相确认毁灭"——如果一个国家有能力彻底毁灭其敌人，而其敌人也具有相同的能力，那么，最理智的做法是两国互不发动战争。然而，威尔斯还描述了另一幅惨痛的画面——在两国没有足够的信心互相确认毁灭的情况下，只有在经历过一场核武大战之后，残留的人性才能建立起一个崭新的乌托邦社会，脱离战争威胁。因为，只有当人类真正经历过核武战争的恐惧，才会祈祷这样的战争永不发生。战后的人们知道，如果再发动一次核武战争，人类必将灭绝。所以，人们拒绝用战争来解决未来任何的政治分歧。

　　要制造出能媲美威尔士想象中的原子弹那样的武器可不容易（可能与维护世界和平一样不容易）。尽管迈特纳和哈恩的发现指出了一条明路，且在不久后的1939年，普林斯顿的一个研究小组就发现了两种铀在"风味"上的重要差异——铀238更稳定，它的核中有3个额外的中子；在吸收中子及随后释放中子的能力上，它显然不及铀235。如果要使铀238发生裂变，就得让中子缓慢移动，给原子核吸收中子的时机；铀235恰好相反，它能捕捉到高速移动的中子。

　　自然界中，绝大多数铀元素都以铀238的形式存在——从地底挖掘出来的普通铀矿石块中，通常含有99.3%的铀238。对于生产核能来说，铀238是能胜任的，因为我们能用特殊的物质来减缓中子的速度；但对于炸弹所需的"瞬间"裂变来说，慢速中子毫无用处。用慢速中子制成的炸弹只会成为一颗哑炮，不会爆炸。所以，如果想用铀制成炸弹，原料中的主要成分必须是铀235，才能在高速中子的作用下引发链式反应。

　　这一点，成为了所有欲制造出这类炸弹的人的噩梦——分离铀235与铀238可不简单。在分离两种（称为同位素）铀时，化学方法派不上用场，元素的化学性质取决于原子内的电子，而这两种同位素含有相同数量的电子。这两种同位素只有核中的中子以及由中子差异而致的原子重量有所不同。所以，要想分离铀235，就需要找到一个方法，能分离出重量略有不同、含量又极少的化学物质。要找到这个办法，或许需要花上几年的时间，这是原子弹计划面临的巨大困难之一。

第一个重视核武器想法的国家是德国。1939 年 4 月，化学家保罗·哈特克（Paul Harteck）给德国陆军部写信，言及核裂变"也许能制造出在威力上超出传统炸弹许多等级的爆炸物……第一个使用核武器的国家，能拥有凌驾于其他国家之上的优势"。

接下来，英国的温斯顿·丘吉尔（Winston Churchill）也偶然注意到了制造核武器的可能性。随后，美国在 1939 年 8 月收到了一封来自阿尔伯特·爱因斯坦的信，警告了核裂变将给人类带来的危险。这封信是爱因斯坦在"裂变反应之父"利奥·西拉德的鼓励下写给政府的，但似乎并未引起政府的兴趣。

最开始的时候，在分离足够制造炸弹的铀 235 的工作中，研究人员遇到了似乎难以克服的困难。但 1940 年 6 月，在伯克利放射实验室（Berkely Radiation Laboratory）工作的美国物理学家爱德温·麦克米伦（Edwin McMillan）和菲利普·阿贝尔森（Philip Abelson）写了一篇论文，提出了一种新的获得铀 235 的方法，这种方法不需分离铀的同位素。他们认为，如果能促使铀 238 在反应堆中吸收慢速中子，它会变为不稳定的同位素铀 239。铀 239 会经历一个叫做"β 衰变"的核反应。在这个反应中，中子会衰变为质子并同时释放出 1 个电子（由于历史原因，在核裂变的情形中，电子被称为 β 粒子）。

这个反应产生了一种新元素——一种不存在于自然界中的元素。后来，这种新元素被命名为"镎（neptunium）"。但镎元素也不稳定，在将第 2 个质子吸收到核内并释放出另一个电子后，镎元素会转变为一个叫"钚（plutonium）"的新元素。与铀 235 一样，钚也是适合用作制造炸弹的原料。由于钚和铀在化学性质上有区别，相对来说，钚比铀更易被分离。这份公开发表的伯克利论文展示的正是使用核反应堆生产原子弹主要成分的第一步，真是令人叹为观止。

起初，除德国外，其他国家的核能工作进展缓慢。但科学界都知道，20世纪30年代的物理学巨匠维尔纳·海森堡（Werner Heisenberg）正在推进德国的核能工程。随着欧洲其他国家逐个地落入德国军队的掌控，侵略的威胁逐步逼近英国。于是，英国开始给美国施加压力，让美国启动了一项庞大的计划，在制造核武器的竞争中打败德国。

1941年夏，一场开天辟地的、工业规模级别的科学冒险开始了。在陆军工兵团总部移至百老汇后，被称为"曼哈顿计划（Manhattan Project）"的项目启幕。项目中，来自军方的科学家们与来自大学的科学家们合作得并不愉快。曼哈顿计划下展开了多个子项目，包括：建造世界上第一个核反应堆以生产钚元素；尝试采用不同技术以分离铀235，如气体扩散法、电磁法以及高速离心法（用以分离质量略有不同的物质）；计算出组装一个原子弹的可行性——就算有了相应的材料，这些任务也没有一个是能轻松完成的。

曼哈顿计划的反应堆并不是首先生产出钚元素的地方。第一个发现钚元素的人是美国科学家格伦·西博格（Glenn Seaborg），一位孜孜不倦的新元素开发者。他于1941年在加州大学伯克利学院首次制成了钚元素样品，尽管只有极微量。[为了纪念西博格和伯克利学院对元素周期表的贡献，后来有如下元素以国家、地区和他们的名字命名：镅（americium-America）、锎（californium-California）、锫（berkelium-Berkeley）以及𨭎（seaborgium-Seaborg）。]

直至1942年8月，西博格才因曼哈顿计划而辗转来到芝加哥。这时，他提炼出了钚元素让世人得以一见。据西博格说，很多人提出要一睹这一神奇元素，但考虑到这一元素稀有且危险，他换成了装有稀释绿色墨水的试管给大家展示。这种方式与信徒们见证圣雅纳略（Saint Januarius）圣血奇迹的方式如出一辙。据说，信徒们每年有一次机会在意大利那不勒斯城（Naples, Italy）见证圣血奇迹，很多人都怀疑那个本应装着圣血的小玻璃瓶里实际装的是与圣血视觉效果相似的铁盐。但对信徒们来说，这就是真的圣血，就像看到西博格试管中墨水的人，他们相信自己看到了改变世界的新元素。

3　原子大破坏

1942年12月2日，在一个由壁球场馆改造而成的阴暗处，曼哈顿计划有了第一次重大突破。世界上最先进的技术被藏匿在了一个弃置不用、布满灰尘的露天足球场看台下。3年前，芝加哥大学的足球队被大学校长遣散，因为校长认为足球比赛会分散学生在学业上的精力。现在，这个19世纪的足球场，像极了一个科学疯子的藏身所，周围全是哥特式的拱门和奇形怪状的雕塑，这里还藏着科学疯子的终极梦想。

在坐台之下的幽闭空间里，费米的队伍组建了世界上第一个核反应堆——他们并不是为了生产廉价的电能，也不是为了单纯的研究。这个装置只是为了生产钚元素以制造炸弹。讽刺的是，这个反应堆被称作"原子堆"，因为这一个反应堆真的只是将碳砖堆了20英尺高，用作减速剂以缓冲中子速度，让散落在这些碳块中的那些重达6吨的铀238可以与粒子发生相互作用。在这些呈小块状的氧化铀之间，还穿插着所谓的"控制杆"，它们由镉制成。镉吸收中子的速度比铀元素快，当"控制杆"就位时，反应堆就熄火了，从而让不受控制的反应得以阻断。

在这个临时拼凑的装置上人们还搭建了一个平台，3个人站在这个平台上待命，时刻准备着牺牲自己的生命。一旦反应堆中的反应失去控制，他们的工作是将碳砖丢进那些吸收中子的化学物中。同时，他们也会受到大量的辐射（超过致死剂量的辐射）。所以，他们比在场的任何一个人都希望反应堆测试能安全地进行下去。

根据此类项目中的玄学，在首次现场测试反应堆之前，费米坚持让科学家们以及受邀前来的宾客们午休。测试开始了，所有的控制杆都被撤了出来，只留下了一个。当最后的控制杆也被撤出时，监视反应堆放射剂量的盖革计数器（Geiger counter）开始啸鸣。中子数量激增，反应堆处于非常危险的状态——它产出了足够量的中子以保证核反应自我维持——这一状况持续时间略多于4分钟。然后，费米关闭了反应堆。这次测试证实，人工生产出可用于原子弹的燃料是可行的，而这一燃料的生产甚至会是第一颗原子弹的关键。

1943年3月，在曼哈顿计划的复杂运作中，最著名的一个环节启动了。在新委派的负责人罗伯特·奥本海默的指挥下，新墨西哥州（New Mexico）洛斯阿拉莫斯曾经的一所农场学校被改造成了一个十字路口。这一路口分割开了一个假日营地、一所大学和一座工厂。工厂里，有机械计算器列阵能进行复杂运算，满足预测这一全新类型武器行为的计算需求。同时，那些在其他地方已装配好的材料也会在这里进行整合，以制造出第一颗原子弹。

诸多困难中，有一项耗费了洛斯阿拉莫斯人较多时间——如何制造出一颗基于核裂变的炸弹，而不是让原料的能量缓慢而稳定地释放。制造核爆炸，说来容易做来难。在炸弹中，需要放入超过临界质量的原料，达到临界质量的原料能使核裂变的过程失控。激发链式反应的中子发生数目必须在瞬间达到峰值，否则，不同部位的放射性物质达到临界点的时间会有不同，会造成起爆时间有差异。

终于，人们发现有两种不同的技术可资利用，两种方法均能以足够高的速度使炸弹的原料达到临界质量。基于分离式铀 235 装填的炸弹中，用的是相对简单的"枪式法（gun method）"（第一种方法）。一块呈圆柱形的铀被高速射进另一块呈圆环状的铀块的中心圆孔，使两块铀结合后的质量瞬间高于临界质量。钚弹用到了"球体收聚法"（第二种方法）——在多个不同方向同时起爆，使冲击波作用于一个空心的由钚块构成的球体，将钚块向内挤压在一起。

第二种方法更为复杂，需要对传统炸药的作用力进行长时间试验，用这些力量驱使钚块聚拢。不同的钚块必须同时到达聚合位置，对钚块球体施加的内向压力需要有高度精准的协调配合，并通过"爆炸透镜"以形成一种具有特殊形状的力以解决这一难题。爆炸透镜会将传统炸药爆炸产生的冲击波聚焦在某个特定方向。因为钚元素和铀元素的性质不同，"枪式法"不足以让钚元素迅速达到临界点，所以必须要用到"球体收聚法"。

事实上，在完成原子武器的竞赛中，只有一方在参赛——尽管盟军一方无人知晓此事实。挪威一座工厂被德国突袭成功，这座工厂生产出的一种名叫"重水"的物质被德国用于在反应堆试验中实验降低中子速度，使中子能与铀238相作用。但直至大战结束前，德国人也未能让那个反应堆正常运转起来。一些参与其中的德国科学家在战后声称，他们故意拖延放慢了工作进度，目的是不让纳粹得到这些杀伤性极高的武器。一些人认为这只是马后炮的挣扎，一些人则信以为真——我们永远也不会知道真相。

在原子弹出现很久之前，伟大的丹麦物理学家尼尔斯·波尔（Niels Bohr）就主张过一种威慑形式，他觉得并无必要真正部署原子弹，只需要有能力使用原子弹即可。他认为，原子武器的破坏力太大，以至于仅是威慑作用就足以停止或阻止战争的发生。欲让这份威慑起作用，不能单靠一个国家去推动。因为，一旦只有一方具有威慑能力，战后将不可避免地发生一场军备竞赛——或许是与苏联较劲。相反，他认为，人类有必要广泛共享这一技术，建立起国际层面上的相互信任。遗憾的是，没多少人认同他的观点。

终于，第一批原子弹差不多快完工了。由于实现临界质量的技术不同，所以原子弹的外形也不尽相同。外号"瘦子（Thin Man）"的铀弹，名字起自达希尔·哈米特（Dashiell Hammett）大受欢迎的侦探小说和电影。人们原本以为这颗铀弹会非常长、非常细——大概2英尺（0.6米）粗，17英尺（5.5米）长。之所以人们预计这样的长度，源于铀块需靠枪射出。假如铀块不需要移动得那么快，枪就能做得短一些。科学家发现，只要让炸弹避开自然散射的中子，铀就不易提前爆炸，即炸弹长度能缩短到6英尺（2米）左右，这个炸弹也因此更名为了"小男孩（Little Boy）"。

但对钚弹来说，就不会有如此苗条的身材了。钚弹内部需要形成一个球形腔，装上能让钚块被炸向内部的结构，这意味着"胖子（Fat Man）"的炸弹不会瘦过最初估量的9英尺（3米）长、5英尺（1.5米）粗。由于其中的复杂机制，钚弹成功爆炸的可能性较低，但仍需尝试。大规模反应堆建立并运作起来后，制造钚元素相对来更容易。同时，分离铀235和铀238的速度缓慢，至1945年初或许只能造出1颗铀弹，那时或许正是需要核武器的时候。这意味着，必须试验棘手的内爆技术。

试验地点被安排在新墨西哥州的阿拉莫戈多城（Alamogordo），位于空军的轰炸范围内。至少，在一般情况下，大家都用空军轰炸范围来描述这个地方。这个名为白沙导弹试验场（White Sands range）的地方非常宽广，有一个郡县那般大。白沙导弹试验场距离阿拉莫戈多城中心至少60英里，隐藏在奥斯库拉峰（Oscura Peak）背面。

奥本海默给这次试验起了一个意味深长的代号——"三位一体（Trinity）"。奥本海默喜好诗文，其中就有约翰·多恩（John Donne）的《圣十四行诗》（Holy Sonnet）第14篇，诗篇开头为：

圣父、圣子、圣灵三位一体，
你，抚我顽躯，耳边低语，浴我圣光，琢石成玉；
然，我欲自强，勇敢闯荡，无惧生死，炼铁为钢；
故，请苦我心志，饿我筋骨，劳我体肤，成就破茧新生。

奥本海默将三位一体和他想象中的炸弹的威力关联起来。通常的传说中，三位一体这一名词正是由此而来。然而，奥本海默自己也不那么确定这个名词是不是源自此处。他在一封信中说，"他并不确定为什么自己会用'三位一体'这个名词。当时，他的确想起了一首多恩的诗，但却是另外一首，和'三位一体'毫无关联。他猜测或许是自己当时想到多恩的诗，引发了大脑对另一首诗的联想，但这两首诗之间的联系微弱。"

实验炸弹被放置在了110英尺（33米）高的金属塔顶，模拟它从战机上投下时产生的空爆。当时电闪雷鸣，炸弹放置在雷雨中长达13个小时以上，实验团队非常紧张，他们隐蔽在约5.5英里（8851米）远的水泥指挥中心，担心雷击及不稳定的天气可能会将炸药中的放射性物质从爆炸地带到居民区。

没有直接参与实验操作的来宾及观察人员被安置在了 20 英里外的小山上。他们预先收到了实验延迟的通知，所以到凌晨 2 点才抵达现场，比原计划的爆炸时间晚了 10 个小时。事实上，观察人员在严明的纪律中经历了艰难的等待，终于在 7 月 16 日凌晨 5 点 30 分见证到了这一时刻——使人为浩劫的可能性更进一步的时刻。青年科学家乔·麦其本（Joe McKibben）打开了炸弹的定时自动引爆器，倒计时 45 秒。信号弹从营地升上了天空，以警示周围的人。

就在计时器结束的零点几秒内，钚球体周围的爆炸透镜发出了球形冲击波，将中间的重金属块向内挤压，牢牢地将放射源聚集在了一起，达成了超过临界质量的状态。"三位一体"实验中的"胖子"钚弹当场爆炸，其视觉冲击能为未来几十年间的电影特效设计者提供模板素材。物理学家奥托·弗利什（Otto Frisch，莉泽·迈特纳的侄子，和莉泽一起发现了核裂变）描述了他的经历：

> 然后，什么声音都没了，阳光依旧明媚；或者只是看起来明媚……我转过身（观察人员本是背对爆心，以防眼睛被强光致盲），但那个在地平线上犹如一个小型太阳的东西依然刺眼，无法直视……这场景太壮观了，但凡见过原子弹爆炸的人，都不会忘记这一幕。四周万籁俱寂，几分钟后才传来炸弹的轰响。就算我堵住了双耳，也依然感到震耳欲聋。紧接着，又传来一长段轰隆隆的声响，犹如远处车水马龙之声。那声音，至今还萦绕在我耳边。

还有另一个同样见证了这次实验的物理学家伊西多·拉比（Isidor Rabi），他谈到了爆后余波：

> 终于，一切都结束了，一切都在逐渐消散。我们看向了曾经放置炸弹的地方。有一团巨大的火球，火势高涨，一边高涨一边翻

ARMAGEDDON SCIENCE

滚。黄色的火焰冲上天空，变成猩红色，又变成绿色，让人害怕。

短短几天后，组装铀弹"小男孩"的材料及物理学家们都抵达了位于太平洋上的天宁岛（Tinian Island）。这里是北场基地（North Field base）的轰炸机每日出发的地方，从这里起飞的轰炸机带着非核武器执行轰炸日本城市的任务。按原计划，"小男孩"应当在8月1日进行试投，但由于天气原因行动延迟了。次日，"三位一体"试验之后，在信心满怀中被组装起来的一颗"胖子"钚弹运抵岛上。

日子一天天过去。直到1945年8月6日，凌晨2点45分——和当初第一颗原子弹试爆的时间差不多——B-29轰炸机"胜利号（Victor）82"才正式起飞。今天，更多人记住的是"艾诺拉·盖伊号（Enola Gay）"，这个名字起自飞行员保罗·蒂贝茨上校（Colonel Paul Tibbets）的母亲，蒂贝茨曾是德怀特·D. 艾森豪威尔将军（General Dwight D. Eisenhower）的御用飞行员。他领导的正是第509号混编队伍（the 509th Composite Group）——以投放原子弹为唯一任务而建立的空战团队。

6.5个小时后，在31 000英尺（9 448米）的高空，"小男孩"铀弹从艾诺拉·盖伊号投放到了广岛市（Hiroshima）。当地人以为只是一场空袭，经历了多次东京轰炸后，人们早已做好了迎接炸弹的准备。那个8月，小学生们正成群结队地努力做着防火工作，以防燃烧弹落下后发生如东京那样的火势蔓延情况。8月的天气又热又潮，但防火工作必须进行。

就在艾诺拉·盖伊号伴随着两架僚机飞过头顶时，却有一些人露出了警惕的神情——但他们并未意识到这些飞机的真正威胁。显然，这不是大规模的轰炸分队。随即，一颗孤独的炸弹落下。

从艾诺拉·盖伊号的驾驶舱向下看，这个场景完全不真实。飞行员蒂贝茨之后说道：

等我（投弹之后）掌平机身，机头有些高翘。我抬头仰视，整片天空被照成了最鲜艳的蓝色和粉色,我此生从未见过这样的景象,实在壮观。

我对人说,"我尝到了。""哦?"他们问,"这话什么意思?""小时候,如果你牙齿里有个窟窿,牙医会拿些棉花或其他什么玩意儿与铅混合起来,塞入你牙齿的窟窿里,再用小锤子锤进去。我发现,如果自己吃了一勺冰淇淋,之后碰到了我曾做过手术的牙齿,会从牙齿里尝到铅的味道。这就是我想描述的东西。"

炸弹爆炸了,其核心温度约为 6 000 万摄氏度,远高于太阳的表面温度。初始闪光让一些人直接汽化了,而在大约半英里内直接暴露于核弹的所有人都被烧成了炭灰。随即而来的是冲击波,这道冲击波与初始闪光攻击夺走了约 70 000 人的生命,将约 70 000 幢建筑物夷为平地。

在投放点上空,一个巨大的蘑菇云升入了平流层。随后,蘑菇云成了核爆炸的标志。事实上,蘑菇云和广岛市的核爆炸不具有特殊关联,大型的传统炸药爆炸也能产生蘑菇云,但日本的核爆以及之后核武器试验的照片让这个关联永远固化在了人们的内心深处。

随即,白宫紧急发布了一条包含有总统声明的新闻通告。

16 个小时前,美国战机向日本的重要军事基地广岛市投放了一颗炸弹。该炸弹所蕴含的威力超过了 2 万吨 TNT。它的威力达到了英军"大满贯(Grand Slam)"炸弹的 2 000 倍,而"大满贯"是战史上用过的最大炸弹……

这是原子弹,它利用了宇宙的基本力量。那力量,是太阳能量的源泉,现被人类释放了出来,用以对抗那些将战火点燃在远东的人……

实验室中的战役,和海、陆、空中的战役一样,都给我们带来了致命风险。如今,我们赢得了实验室中的战争,犹如我们过去赢得的其他所有战役一样……

我们花了 20 亿美元，进行了一次史上最大的科学赌博——我们赢了。

新闻通告还阐明了广岛市只是开端。日本要做好准备，迎接真正的大屠杀。

我们现已准备好，要更迅速、更彻底地抹去日本所有坐落于城市地表的生产企业。我们要摧毁他们的码头、工厂以及交通。此举不容出错，我们要彻底摧毁日本发动战争的能力。

总统表明，新制的炸弹不仅意味着新增一种武器。

在即时影响上，广岛原子弹爆炸并不及盟军已发动的大规模燃烧弹袭击。燃烧弹本身也是大规模杀伤性武器的载体，其第一次发动发生于 1943 年 7 月 27 日晚的德国汉堡市（Hamburg）。燃烧弹袭击规模之大，以至于热气直冲云霄，刮起一阵摧枯拉朽之风，将树木如小草般折断。道路表面、窗户玻璃，全都在炽热浪潮中融化。幸存者声称，"这是一场烽火爆。"当夜，约 50 000 人葬身其中。

汉堡市的袭击纵然让人毛骨悚然，但同样的事也将在其他地方发生，尤以德累斯顿（Dresden，德国东部城市）和东京闻名。经过英国和美国科学家的精心研究——研究如何部署燃烧弹才能达到最佳毁坏效果——此两地的死伤情况惨绝人寰。但广岛市的情况仍有不同——首先，广岛的破坏是单独一枚武器的作用结果，并非多波次炸弹的大规模袭击。更可怕的是，这次袭击对广岛市的影响并未随着尘埃落定而消散。

爆炸结束后，死亡并未停止，辐射病几乎能达到最初直接死亡总人数的 2 倍。因此，在次年，即造成了超过 10 万的死亡人口数，而广岛市总人口仅有 35 万人。有人还将最后的总数再翻了一倍。尽管核弹的爆炸威力吓人，但它真正让人害怕之处是：无声、无形、致命的放射性。

从最初研究放射性物质开始，人类就非常清楚这些化学元素的强大威力是双刃剑。镭（radium）是最早被发现的放射性元素之一，这个元素在此后夺走了它的发现者、双项诺贝尔奖获得者居里夫人的生命。

居里夫人和她的丈夫皮埃尔（Pierre）一起工作，研究沥青油矿。这种矿物含有铀元素，其发现地位于北波西米亚（Bohemia）。沥青油矿开采于现捷克共和国（Czech Republic）的亚希莫夫市（Jáchymov），人们从这个矿物中提取出铀，用于给陶釉上色或者给照片染色，提取铀后的剩余矿渣倾倒在附近的森林。就算提取走了铀元素，沥青油矿矿渣依然具有放射性——事实上，不管沥青油矿中剩下的放射性物质是什么，它都具有比铀元素本身更强的放射性。

居里夫人给她的姐姐布洛妮娅（Bronia）写信说："之前，我无法解释的放射性，应当来自一种新的化学元素。一定存在这种元素，我必须找到它！我很有把握！"在艰苦地用手处理了几吨沥青油矿矿渣并研究后，居里夫妇鉴定出了残渣中的两种新元素——钋（polonium）和镭（radium）。镭，这一名字起自"射线"（ray）的拉丁语，人类最终在1902年分离得到了纯金属形式的镭，这是迄今发现的放射性最强的天然物质。

居里夫人活到了1934年，她67岁时死于再生障碍性贫血（aplastic anemia），她的死亡几乎能被确定为长期暴露于放射性物质，尤其是镭造成的。由于她的笔记和论文都残留有放射性，至今仍保存在衬铅盒内，人接触这些资料时必须穿上防护衣。居里夫人是镭元素的第一个受害者，在那之后还有很多——刚发现镭元素时，人们就将它当作了一种能源和增亮剂，用到了牙膏和专利药品中，甚至还将它抹到了头皮上当作生发剂。

当人们将镭元素加入到夜光染料里时，镭元素具有放射性的危险才显现出来并因此臭名昭著。现代夜光染料需以亮光激活，先储存能量，之后将其释放出来。镭元素依靠其自然的放射性能量就能持续发光。镭作为夜光染料常用于钟表表盘与指针、飞机上的开关键和仪表盘刻度的夜光读数，其诡异的幽蓝光芒曾被视为无害且实用的夜光来源。之后，许多给夜光仪表盘涂染料的工人开始长溃疡、患贫血、嘴边长出肿瘤。此时，人们才意识到自己错得多离谱。女工人为了将画笔刷头整理整齐，会不时地舔一下刷头。这样，她们的嘴边留下了足够的放射性残留物，致使细胞受损。最终，有100多名工人死于镭元素的放射性。

这并非第一起辐射致死案例。只要有人暴露于辐射中，死亡就会发生，只不过人们并未意识到。不同地方的自然背景辐射强度差别巨大。例如，美国丹佛市（Denver）的背景辐射（background radiation）强度就比纽约高许多。一些种类的岩石，尤其是花岗岩，释放的辐射比其他岩石高很多，铺设在室内的石材还会自然地释放出氡气（radon gas，一种放射性气体）。纵观历史，背景辐射的确致使部分人罹患癌症。但这和投下"小男孩"后的余波相比，不足挂齿。

广岛事件发生3天后，日本国内一片慌乱。有人争论，尽管这场袭击惨绝人寰，但是一次性的，改变不了什么。此言音落，查理斯·斯文尼少校（Major Charles Sweeney）便驾驶着另一架B-29型轰炸机——"伯克之车"（Bock's Car）号从天宁岛起飞，欲向日本小仓城（Kokura）的兵工厂投放世界上的第二颗钚原子弹。但当时的条件不佳，轰炸机遭到了防空火力的攻击。此外，常规炸弹的袭击使战场烟雾弥漫，能见度极低。斯文尼少校转而对准了他的备选目标——长崎市（Nagasaki）。

"胖子"炸弹的威力几乎达到了"小男孩"的两倍，比"小男孩"更具摧毁力。不过，长崎市周边的地形在某种程度上阻挡了爆炸的冲击，减小了炸弹在市郊的作用。但即便如此，仍有超过70 000人在炸弹爆炸的瞬间丧命。日本人意识到，类似广岛事件的投弹，并非"一次性"，也非美军孤注一掷的最后尝试。随后，日本军方投降了。

在第二次世界大战中，苏联曾启动过一个核弹计划，该核弹计划资源条件有限。在苏德战争中，苏联面临巨大的压力，因而只有有限的资源可以部署到核弹计划中。战争结束后，苏联迅速崛起，有两方面原因：一是间谍活动——在战争中，许多支持共产主义的科学家认为"核制衡"至关重要，他们为苏联尽可能地提供了反应堆和核弹的具体情况；二是苏联的努力迅速积累出了成效——他们充分利用了从德国苏占区东区的核设施中取回的材料帮助自己重新崛起。

斯大林下定决心，绝不让苏联受美国军力的牵制，他曾提前料想过在广岛和长崎发生的事情。长崎市核爆事件后11天，核计划被正式列为了苏联的国家优先事项。斯大林任命他那令人敬畏的副主席兼秘密警察总长拉夫连季·贝利亚（Lavrenty Beria）负责发展核武器，由此也凸显了核武器的重要性。

斯大林认为，除非正面进攻，否则美国不会用原子武器对付苏联。他还认为，苏联必须拥有自己的核武器，才能保持军力上的平衡。至1949年8月，新建的苏联反应堆生产了足够量的钚元素。在造型方面，其所测试的炸弹与"胖子"相似得超乎巧合。8月29日晨7点，贝利亚和他的团队在哈萨克斯坦（Kazakhstan）的一片偏远地区，目睹了首颗苏联核弹的爆炸测试。尽管苏联在导弹的数量上永远追不上美国，但用不了多久，两个超级大国就都能拥有杀伤力巨大的核武器库了。

当初，真有必要对日本使用核弹吗？今天再来讨论这个问题为时已晚，但一个研究核武器发展的科学家委员会于1945年6月在"三位一体"实验之前会面了，他们认为并无必要在怒火中烧之时使用原子弹迅速达成威慑效果。在以委员会主席詹姆斯·弗兰克（James Franck）的名字命名的"弗兰克报告"（Franck report）中，委员会成员组极力反对核扩散。报告认为，"无论哪个国家、机构或组织，如积存的核武器数目不断增多，终将成为一次突发袭击的导火索，而非一种自我保护的手段。"报告还评论说，"正是因为潜存的敌人担心自己在武器数量和火力上遭到压制，对他们来说，无端地发动一场突然袭击的诱惑将压倒一切。"

弗兰克报告提出，对于世界安全，最好的办法是组织联合国观察员，在他们面前展示核武器，美国只需说一句，"看！我们原本有能力这么做",以体现自己的宽宏大量。同时,邀请世界上所有国家,以共享核技术的方式代替直接核弹的使用。如此,所有人都能共同努力,防止核扩散和核武器的使用。

这篇报告颇有先见之明,它提道:"若美国率先向人类使用这种新型的、无差别破坏的手段,美国将失去世界人民的支持且引发各国的军备竞赛,对此后国际上达成'控核协议'造成阻碍。"

我们或许无从得知若日本未曾经历过原子弹轰炸,会对此类军事实力展示作出何种反应——但我们知道的事实是,在核武器使用后,的确引起了核扩散,也给达成"控核协议"带来了困难。核弹一响,各国都开启了军备竞赛,尽管在1945年末的一小段时间还看不出有任何军备竞赛的必要。

在成功研制核弹的过程中所牵涉的三个西方大国的首领——美国总统哈里·杜鲁门（Harry Truman）、英国首相克莱门特·艾德礼（Clement Attlee）以及加拿大总理威廉·金（William King）——于1945年11月11日在华盛顿特区举行了会晤。三位领导人提出了一个议案,似乎推进了"弗兰克报告"的核心思想。他们提到,原子弹是一种人类过去未知的摧毁性武器,人类对它并无充分的军事防御手段,这种武器也不会被任何国家垄断。

为保证事实如此,三巨头提议成立一个联合国委员会,以消除"以破坏为目的的原子能使用",促进"以工业和人道主义为目标的原子能最大化利用"。苏联对此观点也持赞同意见。1946年1月,联合国原子能委员会（the UN Atomic Energy Commission）成立了,该委员会旨在"从各国国防军备中清除原子武器及其他任何可造成大规模杀伤的主战武器"。

杜鲁门总统在美国成立了委员会,旨在落实世界核控制理念的基础工作,将想法付诸实际计划。这个委员会存在的基础在很大程度上依赖于罗伯特·欧本海默提出的技术建议,委员会认为联合国组织的授权远远不够。由此,委员会主席迪安·艾奇逊（Dean Acheson）及他的顾问大卫·利连索尔（David Lilienthal）发表了以他们名字命名的《艾奇逊－利连索尔报告》（*Acheson – Lilienthal report*）。报告的内容别无其他，主要观点是各国应将所有的原子器械和物件，从铀矿到核反应堆，全部上交给唯一存在的世界和平组织。

尽管两枚原子弹已投向了日本，但此时正值一个间隙期，世界有一小段时间，有机会退回到核边缘政策之前。《艾奇逊－利连索尔报告》也会迎头阻挡核武器军备竞赛。这篇为世界和平而提出的建议，不是让各个国家攀比谁拥有最具毁灭性的军火，而是建议每个国家都拥有核技术，并需要各个国家有科学和工业能力以应对核技术。这份技术，应掌握在联合国下属的组织手中，而不能落入任一个体国家。

若有任何国家企图暗中破坏联合国对核技术的集中控制，其他国家将开始生产核武器，以威慑镇压它。这样，能确保国家相互间都有威慑能力，除非某个国家早已拥有大量的违禁武器，方能跳出相互威慑的圈子。然而，威慑本身是合法的，因为在威慑发生前，核武器并不存在，各国所拥有的只是生产核武器的能力。

这种理想中的世界和平组织从未真正实现，苏联和西方的外交关系也一直在恶化。1946年3月，战时英国首相温斯顿·丘吉尔在美国密苏里州的富尔顿市（Fulton, Missouri）发表了演讲。那时，他依然有影响力，武断地拒绝了与苏联的任何合作。在他那次的演讲中，"铁幕"这个词首次被用来描述苏联势力与西方的分歧。

丘吉尔用这次演讲将《艾奇逊－利连索尔报告》所提的建议批驳得一无是处。他说，"将原子弹技术交给联合国太离谱、太草率。让原子弹技术漂浮在这个动荡不安且一盘散沙的世界，是一种疯狂的犯罪行为。"丘吉尔以为，他能保守住原子能技术的秘密，不让苏联得到，且对此非常坚定和充满热情。事实证明，他错了。

同时，75岁的极端保守金融家伯纳德·巴鲁克（Bernard Baruch）被任命带领美国代表团参加联合国原子能委员会，又在机遇上给了世界核控制以第二次沉重打击。巴鲁克当时就表现出对《艾奇逊－利连索尔报告》的不满，并迅速用一份更具挑衅性的计划将之替换。巴鲁克认为，废除核武器可行，但只能在能担当这一任务的全球核控制体系就位之后才能实现。这一体系应包括对违反核控的国家的惩罚机制，这一体系应当仅响应世界上某些相应国家政府的意志。

1946年8月，美国总统杜鲁门签署了《原子能法案》。至此，国际上的原子合作进一步分裂。一份美国的国内法案关闭了该国与英国和加拿大合作的大门。国际核控土崩瓦解，国际合作功败垂成，具有制造核武器能力的各国也分道扬镳。再也没有机会让世界步入和平，世界已远离了反核军备建设的道路。

相反，新型核武库的诞生让美国的蓝图规划更强势。美国军方给出的建议是准备发动全面战争，在规模上要让此前的两场世界大战相形见绌。他们的计划是先发制人，打击苏联，用466枚原子弹轰炸苏联的66座城市——这些原子弹虽尚未制出，但在时间上并不遥远。只是，他们还在考虑，如何实现在对方有机会发起反击之前就将其完全消灭。

广岛和长崎所经历的死亡与破坏，对世界来说是场现实灾难。然而，为将苏联一举歼灭，在那几个月里，美国还在忙着研发一种甚至比原子弹还可怕的武器。第一次提出核武器概念时，有人还非常担忧核武器爆炸的温度过高，会点燃大气层，使大气层的主要成分氮分子发生融合。尽管早在第一次试验原子弹很久之前就证明了这种后果不会出现，但根据一位匈牙利裔美国物理学家爱德华·特勒（Edward Teller）推出的理论，爆炸产生的极高温度还会产生另一种可能性可资利用。

这个想法本是恩里科·费米想到的。他推测，核裂变爆炸所散发出的强烈高温足以使氘这种小分子（氢的同位素，比氢的原子核多个中子）融合。融合时，分子会释放出能量。这个热核反应（核聚变）即为太阳的燃烧机制。如果氘能达到足够的高温，则无需操心传统核武器所需的繁杂的链式反应——聚变反应将会一直持续，直至燃料耗尽。这种爆炸所蕴藏的威力比基础核武器更强大。

核裂变产生的爆炸大概是个什么规模？第二次世界大战最后在日本

投放的两颗原子弹的威力相当于大约 2 万吨 TNT 炸弹的威力。而氘弹在热核装置中爆炸时,仅需 12 千克(26 磅)就能达到 100 万吨 TNT 炸弹的威力。

特勒以及他的美国同事埃米尔·科诺品斯基(Emil Konopinski),在第一次接触到这个想法时,只是想证明这个具有超级无敌威力的炸弹不可能实现。特勒本想打消费米这个荒唐的想法。那时是 1942 年,任何一种原子弹的实现都还遥不可及。但特勒越是研究这个想法,越是发现这个想法切实可行。这种热核装置——超级炸弹,或称"超弹"(Super)——只要有裂变装置激发,就能实现。

特勒为这个想法而疯狂,强烈要求推进研发"超弹"的工作,但他被雪藏了。这一设备要以原子弹作为引爆装置,目的同样是使一个涉及自然界基本力量的原子武器运转起来,而当时的人们不能制出一个引爆用的原子弹,中间的麻烦不计其数。但特勒并未放弃此事,第二次世界大战之后,他有了条件推进自己的理念,即后来众所周知的"氢弹",尽管氢弹的燃料并非常规的氢元素。

对此,美国人的意见产生了分歧——一些人认为,既然苏联已有了核武器,美国必须更进一步;一些人认为,建造一个热核武器的技术性难度太大;还有一些人认为,这样的武器有违人道主义。美国综合咨询委员会(the U. S. General Advisory Committee,向政府进谏核事务的机构)的一份有关氢弹的报告中保留了大部分人的附议,将道德争论阐述得清清楚楚、确凿无疑:

> 我们提出此议,是因为我们相信,研发氢弹隐匿着对人类极大的伤害,其危险远大于它能带来的军事利益。我们必须清楚,氢弹威力极大,非原子弹所能及。研究如此威力巨大的炸弹,目的是以一弹之力毁灭整片广袤大地。但与此同时,使用这一武器时,也蕴含了屠杀万千无辜百姓的决断……倘若,此巨型炸弹终能成效,则对毁灭性武器曾有的限制必将荡然无存。如此,巨型炸弹必给人类

ARMAGEDDON SCIENCE

带来灭顶之灾。

在小众的附议中，物理学家恩里科·费米和伊西多·艾萨克·拉比（Isidor Issac Rabi）则更甚一步，言及：

> 正是没有对武器的破坏程度加以限制，才铸就了此类武器的存在。由此，让人意识到，此类武器乃全人类的威胁。无论从任何角度考虑，此武器必为邪物。

委员会希望禁止生产氢弹，对战事的上限加以限制。费米和拉比建议，邀请世界各国郑重发誓，不再继续参与研发或制造此类武器。

但美国政府无心听取这些观点，当时的普遍观点为，搁置热核武器无异于自行削弱美国的军力。他们认为，敌国尤其是苏联会将此视为美国软弱且会导致敌方火力联合，一致抗美。

一场让核武器摧毁能力更上一层楼的比拼开始了。1950年1月31日，总统杜鲁门向全国广播，声明他已带领原子能委员会继续研发核武器，"包括所谓的氢弹，或称超级炸弹"。不仅如此，杜鲁门还确保了让全世界知晓此事，知晓美国在核武器上的至高地位。

杜鲁门的声明有个小问题——热核装置的基本理念听起来确实没问题，但并没人真正知道该如何将这个概念变为现实。这个装置需要一场巨大的爆炸——远超当时原子弹的威力——将氢这类物质充分加热，使其发生核融合。就算是太阳中心的温度也稍显不足，甚至还需要太阳的巨大质量所产生的压力，以及一种名为"隧道效应"的量子力学机制才能聚合氢元素。

就在杜鲁门发出声明的前后，两位科学家为氢弹的实现作出了重大突破——斯塔尼斯拉夫·乌拉姆（Stanislaw Ulam）和爱德华·特勒。没错，哪里都有特勒的身影。他们并不是简单地加热聚变材料，而是利用了用作引爆的裂变装置所产生的辐射来压缩聚变材料：用爆炸产生的辐射将分子极为紧密地压在一起,使聚变更易触发。

几个月后,经过对组成物进行的技术测试,第一颗测试用的热核弹已在偏远的小岛上蓄势待发。小岛是伊鲁吉拉伯岛(Elugelab),位于南太平洋上的埃尼威托克环礁(Eniwetok Atoll)中。这颗炸弹因其长圆柱体的形状,跟"小男孩"和"胖子"一样拥有了一个人畜无害的昵称——"香肠"(the Sausage)。

1952年11月1日,"香肠"爆炸了,爆炸威力超过了1 000万吨级的TNT——差不多是长崎原子弹爆炸毁灭力的500倍,炸毁了整座小岛。不过,这只是个测试装置——重量超过80吨,需要约50英尺(15米)高的支架承载——无法被部署到战场上,但它很清楚地证明了热核武器的真实威力。

在当时,爱德华·特勒和其他制造热核弹的人员之间有些不愉快——或许是特勒觉得自己并未得到应得的核心地位,所以他未出席核弹试验的现场。相反,他去了伯克利加州大学的地质部门等待,用地震仪观测他的"孩子"的诞生。他给洛斯阿拉莫斯发了封电报,似乎是想强调他"香肠"之父的身份。电报上写着:"是个男孩。"但这颗氢弹并未让美国稳居高位、安心太久。1年后,苏联便紧随其后,拥有了自己的热核弹。

到了1954年,美国准备第二次氢弹测试,测试的细节并未见诸媒体,但测试地却因一种衣服款式的名字而在很久之后广为流传。测试发生的地点在比基尼珊瑚岛(Bikini Atoll)。这次测试的氢弹在尺寸上更实用,于是,它的昵称为"小虾米"(the Shrimp)。但这一阶段的氢弹还不是一个真正的独立武器,更像类似于在"三位一体"试验中所用的,通过胡乱拼凑而成的玩意儿。人们需要给它再加上外壳才能从飞机上丢下去。

虽然在这次测试中部署了新款电子计算机(相比曼哈顿计划中那台步履维艰的机电式计算器,这台计算机进步了很多)进行必要的计算,但测试中魔鬼般的数据却极难搞定。科学家们本期望这颗核弹相当于

500万吨级的TNT当量——日本爆炸核弹的250倍。但实际上，这次爆炸更接近1 500万吨级的TNT当量，其爆炸残骸已炸飞出了预计区域之外。

在比基尼岛测试之后，人们发现氢弹在原本裂变爆炸的基础上还能产生第二次致命伤害——放射性落下灰。氢弹在目标区域爆炸后的残骸与氢弹中的铀和钚混合，会被抛飞至高空如降雨一般形成放射性落下灰沉降。这种落下灰能广泛散布在爆炸地点四周，尤其是在有风的情况下，会极大地扩散辐射病和死亡风险。

在比基尼岛测试之后，这一情况表现得非常明显，岛上7 000平方英里（18 000平方千米）的土地全部受到了严重污染。爆炸后，距爆心约90英里（144.8千米）远的太平洋朗格拉普岛（Rongelap）上，在爆炸4小时后开始落下奇怪的白色灰尘，当地居民还听到了像打雷一样的声音。当地居民从未收到过氢弹测试的相关警示，岛上的撤离疏散过了两天才开始进行。

岛上形成的降落物颜色雪白，看似无害，但在撤离的时候，岛民已出现了辐射中毒症状——受到辐射后，病人的典型症状是皮肤开始出现难看的烧伤，出现呕吐、感染性痢疾、头发成片掉落等现象，有的岛民甚至还会咳血。

对多数人来说，氢弹就是灭绝人性的终极范例——大肆杀戮、惨绝人寰、触目惊心的使者。然而，特勒依旧钟情于氢弹的想法，这一想法从1942年便一直萦绕在他心头，他的余生也一直为热核设备的应用奔波忙碌，包括利用热核设备采矿及在某颗小行星将要撞击地球时，改变其轨道。他对氢弹测试所产生的放射性落下灰不以为然，他本人也因此而声名狼藉。我们先宽宏大量一些，假设他不知道朗格拉普岛发生的悲剧。

第一颗热核弹成功爆炸后，全世界的军备竞赛一发而不可收拾，造出的炸弹越来越大。这时，核聚变炸弹恐怖本质渐渐显露——核聚变炸弹的爆炸规模没有理论上限。历史上最大规模的一次热核爆炸是苏联在

1961年10月30日进行的测试，其威力相当于5 800万吨TNT爆炸。核武器建立起了庞大的库存。珍珠港事件血的教训在美国深入人心，他们估计苏联如发动毫无征兆的袭击很可能会毁掉自己的大部分武器。于是，他们将灭敌所需的武器量扩大到了原计划的100倍，希望苏联能知难而退，不主动发难。

到了20世纪50年代，英国也成功试验了热核武器，中国、法国紧随其后。其他国家，如印度、巴基斯坦、以色列也跟上了核武器的步伐。以色列的军火库存仅止步于裂变武器，尚不清楚印度和巴基斯坦的水平到底有多高。于是，成千上万的核武器累积了起来。

即使今天，裂变武器也依然大受追捧，因为热核武器总会显得更笨重一些。用在广岛和长崎的那类老式裂变武器在实用性上有所限制，只能被限定在大约55 000吨级以内——大约为日本爆炸原子弹威力的2～3倍——但这个限制可通过助爆技术增强大约10倍。

以适当速度注入裂变物质的中子数量制约着裂变的链式反应。在助爆型裂变武器中，发生了一次小型聚变反应，它能产生中子，这些中子将会与裂变反应过程中固定产出的中子合并在一起。在这样的武器中，少量的可聚变物质（例如氘）被灌注入炸弹的核心部位。爆炸时，这一部分可聚变物质会发生核聚变并产出额外中子，进而增强了裂变过程。由于聚变反应的体量很小，我们无须造出任何一个如同真正聚变弹那么复杂的装置——这只是老式裂变反应装置中安装的一个涡轮增压器而已。因此，现代原子武器储备中的裂变类武器，都有可能是助爆型裂变核武器。

各个国家加入"核俱乐部"都有着各自的理由。比如以色列，是为了预防一些已知的威胁。一个四面楚歌的小国家，手握威慑力的核武器，对以色列政府来说非常必要——尽管自以色列有了核武器之后，恐怖袭击不断发生。也许，恐怖袭击者认为，拥有核武器只能威慑那些有能力发动核攻击的国家，而传统袭击方式不会引起核武器反击。

其他的俱乐部成员，比如朝鲜，更多的是为了提升国际地位，而非解决四周的威胁。位于"核俱乐部"的里外,将国家划分为了"他们"和"我们",就像精英阶层和草根阶层的划分。有核能力的国家很容易对这种国际地位的需求不屑一顾,但其他国家会觉得:"凭什么他们有了,我们没有?"联合国安理会的永久成员国都有核武器,绝非巧合。成为"核俱乐部"成员是国家实力的象征。

我撰写本书时,正值 2008 年经济衰退余波的影响。许多国家,如英国、法国开始质疑,他们的经济还能否承受保留核威慑力所需的开销,尤其是在因伊拉克和阿富汗行动而造成常规兵力紧张的情况下。其中最突出的是英国,他们为是否继续"三叉戟核潜艇项目"(Trident nuclear submarine program)展开了激烈辩论。然而,在讨论军事利益的经济问题时,他们并未讨论到点子上。保留核能力根本不是军事行为,而是政治行为,是否持有核武器关乎自己的国际声望,关乎自己在国际大家庭中还能否光鲜体面。

可以说,这是疯狂政治,而非疯狂科学。一旦这类科学建立,政治家们就有了一个清晰的机会来控制原子能以造福世界——但政治恐惧或者说政治需要(取决于你的看法)阻止了这一梦想的实现。自苏联解体以来,尽管紧张的局势有所缓和,根据《削减进攻性战略武器条约》(Strategic Offensive Reductions Treaty)武器数量也大幅减少,但世界仍拥有庞大而致命的核武库。一旦被使用,这些核武器能轻易地摧毁世界文明。描述核武器大国僵持的咒语——"相互保证毁灭"——终于对全世界生效了,这绝非偶然。

在核武库的毁灭性威力面前,我们很容易忘记自己还有很多事情未做。20 世纪 50 年代,甚至有个骇人的言论——时不时会有人期望能制造出一种炸弹,它不是像热核武器那样摧毁某个主要城市,而是能一举消灭地球上的所有生命——这是个不受控制的世界末日武器。有人将这个假想武器称为"C 弹"(C‑bomb)。

在人类愤怒地投下第一颗原子弹之前,核武界就已针对"末日武器"的概念展开了讨论。1950 年 2 月 26 日,在美国国家广播公司 NBC

的一档电台节目"芝加哥大学圆桌会议"(University of Chicago Round Table)中,将此概念公布于众。在当时,科普广播节目深受大众喜爱,NBC此举是为"末日武器"概念的普及推波助澜,核武界的领军人物也在节目上对此展开了激烈争论。

科学家们在圆桌会议上讨论的主题即为核武器,其中,曼哈顿计划中的一位首席科学家汉斯·贝特(Hans Bethe)告诫听众,氢弹的最可怕处在于它释放出的辐射。他说,"氢弹可以将大量放射性碳14排放至大气中,甚至能隐形潜伏5 000年。一旦人类大量使用热核武器,辐射将会铺天盖地,地球也将变成一片荒芜,没有任何生命能存活于此。但利奥·西拉德(那位构思出链式反应,为原子武器理论做出主要贡献的匈牙利籍美国科学家)却反驳了贝特,他认为,"迄今的所有设想——包括氢弹——很快将变得非常幼稚。"

传统的核武器,其杀伤力主要来自爆炸、冲击波及高温。除此之外,就贝特的描述,核武器还有一个更阴狠的杀伤特性——放射性落下灰。这种放射性残留物带来的影响深远,它通过爆炸而散布至大气,造成生命患辐射病或死亡。西拉德在讨论中设想过一个核装置——将传统核弹包裹在一个极易吸收辐射的外壳里,可放大核弹的辐射作用。

当这种核弹爆炸时,外壳会立即蒸发,外壳材料中的元素会同时转变为具有高放射性的另一类元素或同位素。爆炸的力量能将外壳残骸送至高空大气,将细小的放射性落下灰散布到几百甚至几千英里之外。如果材料(西拉德认为钴元素就比较适合)用得恰到好处,就能抹掉整个大陆,甚至整个世界的生命。

西拉德在节目中提出这个想法之前,任何炸弹实验中的爆炸模型均未曾出现过这种先将微尘送入高空大气,再散播到全世界的现象。相反,1883年8月26日的一个大事件——没错,就是字面意思的大事件——震惊了全世界:喀拉喀托(Krakatoa)火山爆发了,成为了人类有史以来最著名的一次火山爆发。

这次事件还被拍成了一部电影,只是电影名谬妄无稽——《爪哇岛东部的喀拉喀托》(*Krakatoa, East of Java*, 中文译名为《天劫末日——喀拉喀托火山》)。实际上, 喀拉喀托火山在爪哇岛的西部。电影中, 当地人称这座火山岛为"喀拉喀托"。早至公元416年, 这座火山即喷发过数次, 但1883年的那次喷发非常严重, 其威力相当于2亿吨级的TNT。不过, 那次火山喷发对炸弹制造者来说, 其爆炸所带来的影响并非最重要的, 最重要的是这次爆炸能将某些物质散布于全世界的能力。

火山喷发出大约4.75立方英里(20立方千米)的灰烬和岩石。可以尝试一下想象: 有个立方体, 它由火山灰和岩石构成, 它的每条边都有差不多有5英里(8千米)长(此处, 原作者数据有误, 但无法确知是对体积推断错误, 或是对立方体边长推断错误, 虽然后者错误的可能性更大)。火山喷发的冲击波将火山灰抛入50英里(80千米)高的大气中, 并使其围绕地球扩散开来。经测量, 冲击波总共绕地球7圈后方才消散。火山灰悬浮在大气中, 使地表暗无天日, 全球温度因此降低了约1摄氏度。之后的数年, 天气形势都受到了严重影响。同时, 世界各地都发现了喀拉喀托火山喷发的灰烬。而现在, 若用钴元素炸弹所产生的致命性放射性落下灰替代火山灰, 西拉德的"末日武器"或能成功。

钴元素同位素里, 钴60的半衰期长达5年, 有充足的时间散布至全世界范围, 放射出能置人于死地的伽马射线。伽马射线的影响恐怕是无法避免的——因为射线让人类无处藏身。这种核弹(或者说这一系列核弹)应该会很庞大, 无法从战机上投下, 但或许能将它做成船的样子, 反正从它的破坏方式看不需要有任何投放点。

西拉德构想出了这个虚构的武器之后, 就意识到了一个很明显的问题——除了疯子, 谁会要这个武器? 谁会希望把地球上的所有生命赶尽杀绝? 他给出的答案是——渴求终极威慑力的人, 真会如此极端。如果一个国家受到敌人的进攻, 尤其是受到核武器的进攻时, 这个国家可以放话: "快住手! 你如再不住手, 我将毁灭这个世界。"芝加哥大学专家组主席在电台节目上提道, "这种武器真正恐怖之处在于: 相比那些在受控范围内攻退敌人的武器, 这类武器消灭所有生命的可能性更大。"

西拉德并不确定，是否真有某个大国会刻意毁掉地球上的所有生命，他一直坚信美国和苏联都会为此威慑做好准备，并想尽办法赋予这一威慑以特定意义。倘若，有一天，他们在"末日武器"的实力上不相上下，不难想象他们真会将这种武器拿出使用。其他人也说，如果像希特勒这样的人掌握了这种武器，很有可能在战场明显失利的时候，将这种武器作为他的最后防线。这样的人，如若无法得到这个世界，会倾其所能毁掉这个世界。这或许并非杞人忧天。

尽管钴弹这一概念迅速地在大众脑海中勾勒出了一幅恐怖画面，但1950年节目播出时，还只是西拉德的一个假设。即便如此，之前投放的原子弹以及已存的氢弹早已让人们深处于惶恐中。而如今，钴弹一说更是加剧了这份惶恐。汤姆·莱勒（Tom Lehrer）的黑色幽默歌曲《我们要走就一起走》（*We Will All Go Together When We Go*）巧妙地描绘出了这种感觉。

科学家们通过计算得出的数字，为西拉德的这一想法的可行性提供了支持。诚然，在成本需求上，钴元素"末日武器"将超过其他所有的原子武器，仅钴元素本身就需要数千吨。钴武器的大小更是无可阻拦，甚至能大到成为一系列的钴弹船或是钴弹基地。

尽管这样的武器尚未建成，但将放射物质铺成致命天网的想法，就像《圣经》里所说的将盐撒在田地里以阻止任何作物生根发芽一样，扎根在人心和军心深处。1950年，朝鲜战争打响，道格拉斯·麦克阿瑟将军（General Douglas MacArthur）提出用放射性钴60在朝鲜和中国之间建立一个5英里（8 000米）宽的禁行区，使两国之间不能互通并最终形成终极边境。

麦克亚瑟本以为中国军队已被他"掌握于股掌"，以此战术可将中国一举击溃，却不料既受到华盛顿政府的骚扰和干预又遭到英国的"背信弃义"。麦克亚瑟一直认为，华盛顿将自己的意图告知了英国，英国将此事告知了中国。不管他的推论是什么，设立钴元素屏障的计划并未被施行，真是谢天谢地。

冷战期间,最让人害怕的是爆发核战。大家都认为,核战一旦爆发,我们所知的文明将毁于一旦,或许只会在美国、苏联、欧洲等地留下少数幸存者。就目前所知,核战最接近爆发的一次是 1962 年 10 月古巴导弹危机期间。当时,一架侦察机在古巴发现了一个新的军事基地。美国很快明白,苏联正在古巴岛上装置导弹,那里的导弹能快速攻击到美国的重要城市。

接下来的两周,世界游走在核战爆发的边缘。时任美国总统的约翰·肯尼迪(John Kennedy)在一次全国性演讲上描述了当时的情形:"差一步就踏入毁灭的深渊。"美国对古巴实行了海上封锁,肯尼迪总统的一些军事顾问建议,应立即先发制人实施核打击,如果让苏联人先进攻,那就麻烦了。

导弹危机的第二周,美国已进入了 DEFCON 2 戒备状态(译注:美国的军事戒备状态名为 DEFCON,共有 1 到 5 级——5 级最低,属于和平时期战备状态;1 级最高,属于战争情形最严重以至需要使用核武器的最高作战状态,至今未曾启动。DEFCON 2 只是在古巴导弹危机中启动过的唯一一次)。这是战争全面爆发前的最后一个戒备状态,轰炸机已升入空中待命。这情形如同一场鲜活的噩梦,军队司令部已准备好了发出消息,欲加速开启这场核武器大战。10 月 28 日,苏联总理尼基塔·赫鲁晓夫(Nikita Khrushchev)后退了一步,避免了灾难的发生,并声明将撤回导弹。(翌年,美国也撤回了装置于土耳其,同样紧逼苏联的一些导弹,不过该事件鲜为人知。)

尽管此后再未出现过如此危急的情况,但苏联的举动却发人深省:他们在 20 世纪 70 年代建立了"末日武器系统",以防再有其他国家以压倒性的攻势侵入苏联。他们的想法与西拉德假想出来的钴弹装置如出一辙——若是祖国受到攻击,苏联将迅速发动全面反击,不留任何退路和余地。即便苏联常规的指挥和控制中心遭到摧毁,反击也能顺利发动。

他们的边缘系统(Perimeter System)采用了电脑网络评估核袭击的

形势。一旦克里姆林宫（Kremlin）失去联系，系统可自动发令，发起大规模反击。这一过程无须人为介入，也不需接受更高层的确认信号。更恐怖的是，我们发现，这一基于20世纪70年代的电脑技术运作的系统，至今依然运转且能发出致命一击，消灭整个西方世界。

尽管冷战已经结束，但核战仍然留下了诸多危险，尤其是印度和巴基斯坦边境这样局势紧张的地区。像伊朗和朝鲜这样的国家，我们还存在很多核武器的相关忧虑，此外，我们还面临着一个更敏感的核威胁——核恐怖主义。

如果恐怖主义分子能使用核武器发起恐怖袭击，将令人毛骨悚然。大家都认为，如果造成"9·11"事件的恐怖分子能获得核武器，他们一定会用核武器进行恐怖袭击。欲实现核武器恐怖主义，也许有三种可能：其一，白手起家自创核武器；其二，从黑市购买已有的核武器；其三，制作一种名叫"脏弹"的东西。

自创核武器的第一要求是必须具备所有需要的原材料。有时，新闻媒体会吓吓你，他们说，"将全国商店里的烟雾探测器聚拢，利用这种与核武器不搭界的装置，有可能组装出一个核武器。"出现这样的说法，是因为大部分烟雾探测器中含有镅元素。作为元素周期表中第95号元素，镅元素在探测器中以432年的半衰期转变为镎，同时发出辐射。镅元素源放射出阿尔法粒子（这是一种比镭更好的阿尔法粒子源），通过一个小腔使其中的空气离子化，让一股极小的电流就能穿过那个小腔。如果烟雾粒子进入小腔，它们会吸收阿尔法粒子，使阿尔法粒子无法形成离子，从而切断电流，发出警报。

镅元素可用来制造核武器，只要有足够多的镅241，就能促成一场灾难。不过，在恐怖团伙能真正实现烟雾探测器市场的垄断之前，还有一点需要提醒：欲成功制造出一个核武器，大约需要1.8亿个烟雾探测器才能凑齐足够多的镅241，即便真的获得了1.8亿个烟雾探测器也不是只将它们堆放一起就行，还得很费劲地将镅元素小颗粒逐粒地从1.8亿个探测器中取出并装进模具里。这样的任务，或许花上千年的工夫也难以完成。

这么一想，就算恐怖团伙有足够多的常规放射性物质，也不太可能白手起家制造出核武器。一般情况下，制造核武器非常费劲。摆在眼前的例子，不只有第二次世界大战期间的曼哈顿计划，还有那些在通往核大国道路上屡战屡败的国家，而成功案例屈指可数。连一个国家都办不到的事情，一个小小的恐怖团伙又如何指望？

相比遵纪守法的国家，恐怖分子或许能具有其他一些优势——他们可从非法途径（比如偷盗）而非正大光明地购买或是生产，得到像钚元素这种在许多拥有核产业的国家都生产过的可裂变材料（核武器材料）。如果用钚制造核弹，恐怖分子还得制造传统炸弹，并将传统炸弹的爆炸通过"透镜"正确地集中起来，这需要复杂的工程学和炸弹学的专业知识。由此可想，如果恐怖团伙资金充足且能得到所需的专业知识，他们或能造出粗糙一些的核武器。

尽管钚元素更易通过非法途径获得，但相比浓缩铀元素，钚元素制造炸弹的技术性问题更多。引用核物理学家路易斯·阿尔瓦雷斯（Luis Alvarez）的一句话："只要有高度浓缩铀元素在手，引爆核弹就是小菜一碟……只需让一半材料与另一半相撞，就能产生高效的爆炸……一个中学生娃娃也能在短期内做出这样的炸弹。"

也许，阿尔瓦雷斯夸大了浓缩铀的作用，但制造浓缩铀核弹的确更容易，甚至可在一个作坊般的实验室进行组装，这似乎给恐怖团伙提供了机会。然而，曼哈顿计划和21世纪诸如伊朗核计划这样的例子证明，制造核弹不简单。

对恐怖分子不利的是，浓缩铀与钚元素不同，它并非核电站反应堆的自然副产品且多数掌握在军队手中。同时，浓缩铀元素的加工流程复杂、技术性高、价格昂贵，故而除了制造核武器不会有别的理由生产浓缩铀这种物质。因为铀的浓缩工艺复杂，所以其在储存方面比钚元素更安全。当然，在现实中，恐怖分子依然有可能通过贿赂或威胁军方人员以取得浓缩铀。

此前,确有某些个人企图将浓缩铀偷运至西方国家,结果遭到缴获,这种情况至少发生过两次,缴获的浓缩铀接近3千克。要知道,浓缩铀除了用于制造核弹,别无他用。尽管真正造出核弹需要至少60千克的高浓缩铀,但我们并不清楚有多少人成功逃过了检查,成功将浓缩铀偷运了出去。

在一些西方分析家看来,苏联或是巴基斯坦这样政治复杂地区,军火库里的核弹成品更易落入恐怖分子手中。尽管军队都有相应的防护措施,但种可能性的存在仍让人们感到担忧。美国和苏联的大部分武器都设置有精细的保护机制,防止他人使用。但要拿到军火库中的武器也非完全没有可能,只是概率相对低一些。不过,美国政府依然以严肃的态度防止恐怖分子有机可乘,偷走核武器。

2009年7月,应政府要求,国家医学院(the Institute of Medicine)成立了"核恐怖事件医疗筹备委员会"(the Committee on the Medical Preparedness for a Terrorist Nuclear Event)。该委员会组织了一次研讨会,提出了大量应对核爆炸后果的提议。虽然这些提议冷不丁地会让人们想起冷战时期的某些民防指令(诸如在窗户上贴胶带、躲在桌子底下),但其中也有认真严肃应对核袭击的建议。

开展这次研讨会是为了让民众更多地意识到核袭击的威胁,做好更充分的准备。假如在毫无预警的情况下发生了核弹突然爆炸,几乎没有时间下达民防指令,尤其是居住在像华盛顿和纽约这样的目标城市里的人群。必须让他们清楚地知道,在核袭击发生时应采取如何的措施。

研讨会发布的报告上描述了万吨级核弹爆炸的后果——这大概是恐怖分子能制造出的核弹规模:爆心1千米半径范围内几乎无人能幸存,但位于此范围以外的人则有机会采取防护措施。受爆炸时风向的影响,爆炸所产生的落下灰、高放射性的核弹碎块以及灰烬,可能会从爆心飘散数英里远的距离。加州劳伦斯·利弗莫尔国家实验室(Lawrence Livermore National Laboratory)的国家大气排放咨询中心(National Atmospheric Release Advisory Center)负责预测落下灰的扩散走向。

想逃出滚滚而来的落下灰完全不现实，即使开车也不行。所以，最好的建议是，待在室内关好门窗，因为建筑物能减少辐射暴露。同时，再尽量多地堆些石砖，并尽可能地远离建筑物的外墙壁，最好多隔几个房间以远离落下灰。躲避辐射最好的地方通常是地下室，其次是大型建筑物的中心区域。根据上面提到的委员会的建议，只要躲避到这样的受保护地点，可以将即时死亡风险降低 100～1 000 倍。

然而，无论是白手起家制造一个核弹或是盗窃一个核弹成品，对于恐怖分子来说，都不如获取脏弹那般容易。脏弹采用的只是传统爆炸物，但它不像常规炮弹那样在炸药周围包裹钉子或类似金属块用作弹片。它的炸药周围包裹着放射性物质，在使用脏弹的爆炸区域会产生类似放射性落下灰的效果。

虽然脏弹带来的辐射比设想中的钴弹低很多，甚至比一般的核武器产生的落下灰的辐射都低，但它也能在较广泛的区域内引起恐慌和混乱。用脏弹的最大好处在于，只要使用者不挑剔放射性物质的种类，很多放射性物质都现成可用。很快，恐怖分子就不再受限于裂变元素了——多种不同的放射性物质的混合物均能制成脏弹。

放射性物质在医学、农业和工业中的应用非常广泛，比如用于进行放疗、进行石油勘探等。许多放射性物质具有足够长的半衰期，在长达几个月甚至更长的时间内放射出高能量伽马射线，破坏生物细胞，从而导致辐射病。和钴元素一样，锶 90 和铯 137 都能添加到脏弹的辐射性外壳中。

毫无疑问，脏弹能引发恐怖事件，造成人员伤亡。不同于热核武器产生的落下灰，脏弹只能产生相对少量的放射性物质。它不会像核弹爆炸那样造成大规模伤亡，很多人都有充分的机会逃离脏弹的辐射，避免健康受到严重影响。由于脏弹的辐射级别不高，或许需要暴露于辐射中数周甚至数月才会产生较严重的影响。

但我们并不能因此忽视脏弹的威胁。尽管脏弹的辐射对居民的直接危害相对较低，但它也能引起高度恐慌。此外，连续几个月内，城区都会被迫进行封锁以清理辐射残留，使城市经济遭受巨大损失。这是个什么概念？对一个普通的脏弹来说，预想中的辐射等级应与丹佛和纽约之间的自然辐射等级差相当——事实上，自然辐射也能危害人体健康，很多人因丹佛的自然辐射而罹患癌症，只是它不会造成我们想象中的那种大规模杀伤。

美国政府对待核恐怖袭击的态度非常严肃。最初，他们担心苏联人偷运核武器至美国，或者本国发生核武器事故。但1947年5月，美国政府第一次收到了有人以核武器作为勒索手段而寄送的勒索信。这封信发送到了FBI手中，威胁FBI必须交出20万美元，否则他们将在波士顿引爆核弹。

这是第一次虚张声势勒索钱财的恐吓，后来还出现过很多类似情况，正是这次恐吓触发了美国政府的回应。美国政府不像以前那样，只是在其遭遇的诸多威胁中，偶尔选择一个让核实验室和原子能委员会的专家进行评估。此次，美国政府专门成立了一个特别小组，在需要的时候随时出动，该小组称为"核应急搜寻队"（Nuclear Emergency Search Team），简称NEST。

后来，该小组又改名为"核应急支援小组"（Nuclear Emergency Support Team），以强调其任务不只是找出核武器，而是确保一旦发现核武器，必须第一时间对核武器进行无害化处理。该小组至今仍保持着招之即来的作风。

幸运的是，NEST的活动基本上停留在反复演练阶段，或者是响应错误情报。除了对适当的检查与安保提供建议外，NEST还经常被召集起来确认勒索企图的可信度。在此类勒索中，很多都是紧随1974年波士顿事件之后而出现的案例。通常，勒索犯会要求很多现金，但（到目前为止）还未真正涉及已部署好的核武器。这也再次说明了恐怖分子（或者勒索犯）获取核武器的可能性相对较低，但可能性低并不意味着政府就能放松警惕。

NEST需要对公众隐瞒一些正在发生的事件，避免引起恐慌，这些恐慌能轻易地造成比脏弹（之类的威胁）更为严重的麻烦。尽管刚开始，NEST 的行动只是便宜行事，但现在 NEST 的特工已获得了授权，可访问许多探测器的数据。他们获得授权的探测器无处不在，从公文包里的到货车中的，甚至是直升机与飞机上的机载探测器。这些仪器的设计目的是为了收集杂散辐射，即核设施几乎不可避免地以不同形式散发出来的辐射。

与这些探测设备相配套的，还有一些拆弹装置，包括一些传统工具，从简单的线缆切割器或是超低温液体到防爆雷管以及一些特殊的工具（如泡沫发生器）。泡沫发生器可以产生一种特殊的物质，专用于覆盖核武器，尽量吸收其中的杂散辐射。撇开预备措施、练习以及敲诈企图，NEST 小组真正碰到的唯一一次行动是因一次意外发生的坠机（或者说是迫降）。此次事故涉及了核武器或是带有核动力源的人造卫星。

NEST 除了执行直接行动任务外，还接受了很多意外情况下的探测任务，特别是在"9·11"事件之后。自那次双子塔袭击事件起，美国国土安全部（the Department of Homeland Security）就一直致力于在各个港口、机场以及边境口岸安装辐射探测器。从 2006 年开始，大概 1/3 的船运集装箱以及远超 3/4 的穿过美加、美墨边境的陆运交通运输都会经受检查。这个比例还在不断上升，到 2007 年，所有通过南部边境的货运集装箱都必须经过探测器检查。很多大城市也在城界处、飞行设备上以及车载设备中安装了辐射探测器。美国对待这一威胁十分严肃。

当然，核武器并非对我们安全造成核威胁的唯一来源，核电站也同样危险。美国宾夕法尼亚州的三里岛（Three Mile Island）和乌克兰北部的切尔诺贝利（Chernobyl）就发生过核电站事故。要是美国核电站真的发生了和切尔诺贝利一样，甚至更严重的事故，会怎样？当初，单纯为了生产原子弹所需的材料而第一次建立的核反应堆的场景，如今依然历历在目。

要记住，一个核反应堆可比原子弹大多了，万一某个反应堆炸了该怎么办？想想都觉得可怕。然而，就在我写这本书的当下，相较于前些年，各国政府对核能的看法更加积极了，因为核能是一种相对绿色（从温室气体排放的角度来说）的发电方式。

所幸的是，反应堆并不会像核弹那样爆炸。要知道，做个核弹，曼哈顿计划得先浓缩铀，然后再从浓缩铀里搜刮出稀罕的铀235，或者是生产钚。反应堆用的是更常见的铀238，它不能形成核爆炸所需的不稳定链式反应。虽然发电的过程可以将钚以副产品的形式生产出来，但早在钚的量足以产生威胁之前，它就从反应堆中消失了。

铀238不会在反应堆中失控爆炸，虽然它会释放中子，只有在这些中子速度减慢时才能引发链式反应。这需要用到像碳或者水这样的物质作为缓冲剂，让中子充分减速，使其有充分的时间引发铀238的裂变。核反应堆是有可能发生事故的，但不太可能像一个核弹那样发生整体爆炸。

当然，并不是说核反应堆不会爆炸，只是这种爆炸规模小且非核爆——因为受热太高而在一块狭小的范围内爆炸。我们可以通过两次众所周知的核事件——三里岛事件和切尔诺贝利事件——以推测核电站失控的影响规模。

三里岛位于美国东北部宾夕法尼亚州（Pennsylvania）的哈里斯堡（Harrisburg）附近萨斯奎哈纳河（Susquehanna River）的一座小岛上。尽管三里岛已成了核事故的代名词，但那次核事故并没有切尔诺贝利事件那般严重。当时，发电厂的水冷系统出了故障，而应急系统的调动也出了一系列问题。反应堆安全壳（装有反应堆内含的各种危险物品的钢瓶子）并未破损，反应堆并未熔化，但它却渗漏出了一些冷却剂，而冷却剂里携带有放射性物质。同时，为了控制堆内压力，发电厂又从受污染的管道中进行了主动排气，这样的做法也让放射性物质自发电厂泄漏而出。最后引起的核暴露程度并不高，只造成了1例死亡。

但三里岛事故在传说中变得言过其实了，所以仍有很多人认为它造成的影响非常大。有两个原因造就了这一想法：其一，那些有意让核电厂停业的人故意挑起了这一问题，将其当作宣传口号，故而所有人都认为这场事故很恶劣。然而，其实每年都有很多工厂事故发生，造成的人员伤亡和破坏甚至更大——只是人们并没有反感那些工厂罢了。

其二，盖革计数器的滥用。一些"民科"担心附近会有工厂泄漏的放射性物质，便四处测量事发区域附近的辐射水平。他们惊恐地发现，读数高出国家平均值30%以上，这简直是骇人听闻。这个辐射水平能造成的死亡人数足以达到官方公布的核泄漏死亡人数的60倍。有人认为，官方显然是在隐瞒真实数据。事实上，这一辐射水平是该区域的本地辐射水平，是由街区建筑的花岗岩之类的岩石天然产生的氡气所引起。

上面讲到的这一结果，让三里岛事件的影响形成了一个观念：生活在那片区域就置身于自然辐射的危险中，它的危险性比事故本身造成的危险性还高60倍。这一危险与核电站无关，在建设核电站之前就存在，核电站完全搬走之后它仍然续存——其实，另外一些地方的自然背景辐射水平甚至还要更高一些。

所以，三里岛事故并不像人们通常所说的那么糟糕。但没人敢说切尔诺贝利事故也是一场小事故。这是史上最严重的一次核电站事故，乌克兰的切尔诺贝利的确经历了一次爆炸，此次爆炸导致安全壳破裂，对于任何处理核安全的人而言，此次事故的场景都如同一场噩梦。

1986年4月25日晚，切尔诺贝利核电站的工程师对堆芯紧急冷却系统进行了规划测试。该冷却系统属于核心系统之一，用以确保核反应堆的运行部位不会达到过高的温度而破坏包裹在内的安全壳。

测试伊始，就有名操作人员犯了错误，使反应堆几乎快停止反应了。为了提供足够的电力继续测试，工程师不得不手动控制安全系统，以便能抽出控制杆使核反应速度缓和下来。在工程师们多次取消了安全系统的警示后，反应堆温度开始飙升，大量蒸汽聚积将反应堆顶部冲开，切尔诺贝利的灾难即由此展开。（再说明一下，这只是蒸汽压力将安全壳炸开了，而非原子弹那样的核爆。）

此次事故的发生，在一定程度上要归结于发电站的设计不合理。大多数的核反应堆都被设计为具有自我调节的系统。随着温度升高，中子的活性增加，在铀238之间狂飙而过，因而不能引起发链式反应，其结局是链式反应终止。但切尔诺贝利发电站的设计却是在温度升高时反而增加了反应的速率，产生了一个正向反馈回路。当控制系统被关闭，意味着这一问题已失控。更糟糕的是，他们的反应堆内部并未使用美国的常规混凝土安全壳设计。在事故中，金属安全壳被炸开，放射性物质被喷射到了大气中。之后产生的大火，翻涌出的滚滚浓烟夹带了大量的放射性物质颗粒。

爆炸发生时，人们试图控制火势，却暴露在了致命的辐射下，因而接二连三地死去。之后的几天，那片区域附近的患癌率猛增，累计死亡人数达到了4 000人，特别是处于下风向与乌克兰接壤的白俄罗斯受害人数尤多。

这场事故对商业也造成了巨大影响。在数百英里之外的英国，因绵羊所食用的草地在短时间内辐射水平上升，牧场主人不得不将所有的绵羊杀掉。切尔诺贝利周围的村民也撤离了乡村，此外，那些地域今天也被认定为不安全。

由于今天还有人对失控的反应堆有误解，所以有必要再强调一次——事故中并未发生因失控链式反应而导致的核爆。参议院情报委员会（Senate Intelligence Committee）主席发表了一份公开声明，称苏联在切尔诺贝利事故上撒了谎。因为苏联说，"冷却剂损耗了就意味着链式反应停止了。"其实，苏联并未撒谎，链式反应真的停止了。除冷却作用外，冷却剂还具有减缓反应堆中发射中子的速度的作用，未经过速度缓冲的中子不会引发链式反应。当时的链式反应已完全停止。反应堆中的确还残留有大量辐射以及高热，但绝无链式反应失控而导致核爆的可能。

无论怎么说，切尔诺贝利事件都是一场可怕的意外。其实，世界各地还有很多更严重的工业事故，造成了更严重的破坏，也造成了更多的人员死亡。切尔诺贝利事件对四周环境的影响，并未如最初设想的那般严重。尽管事故造成的污染至今仍有残留，但在科学家对其周遭的动植物进行研究后，人们发现这些生物的生长状态意外的正常。不过，对那些看惯了科幻小说中灾后景象的人而言，未出现因辐射变异的巨型老鼠和蟑螂，或许会让他们感到惊讶。事实上，在辐射后，啮齿类动物比大型动物更易死亡，蟑螂也没有抵抗辐射的本领。

事故后，切尔诺贝利的四周并未变成一片荒地，反倒成了野生动物的天堂，甚至出现了诸如熊、海狸、猞猁、北美野牛这些欧洲罕见的动物。植物中，只有像松树这种外表会分泌黏稠的汁液（易粘住放射性尘埃）的部位会有一些变形，其他并无明显变异。这些生物都很正常，并未像动画片《辛普森一家》（*The Simpsons*）的春田镇核电站那样，导致可怕的怪物或是三眼鱼这样的生物出现。事实上，存活下来的动物很少有变异的。很明显，动物暴露于核辐射之下的结果是死亡，而那些侥幸存活下来的动物也几乎不再具有繁育能力，所以变异生物并不会改变生物种类构成。

但我们不能低估切尔诺贝利事故的严重性，正是由于这座发电站的设计和系统存在不足，以及维护不当、操作员能力欠佳，才导致了这场事故，严重破坏了环境，也造成了大量不必要的人员伤亡。但从灾情来看，这算不上末世浩劫，其后果还不如一些工业事故严重。

西方人今天还留有一种概念——"中国综合征"（The China Syndrome）。这并非真的东西，它来自一部同名电影。电影介绍，尽管核反应堆不会发生真实核爆炸，但核电站发生的事故通常会进而演变为一场末世灾难。这样的想法骇人听闻——如果核反应堆发生的核心熔毁不受控制，不仅能摧毁反应堆厂房，过热的反应堆更会熔化掉位于它下方的大地，并一路向下熔化直至地心，再继续熔化下去，直至地球的另一方（即东方发生的事情传递至西方）。

现实中，哪怕有一丁点类似的场景，也是极大的灾难。地心并不像法国作家儒勒·凡尔纳（Jules Verne）的小说《地心游记》（*A Journey to the Center of the Earth*）中所描绘的那样——只是各种巨大的石洞相互连接在一起的一幅和谐而美好的画面。事实上，地心深处全是滚滚岩浆，通过自然发生的核反应保持热量，此处还有巨大的压力。如果反应堆真的一路高歌熔到了地下足够深的地方，它造成的超级火山爆发足以熔化全世界。

幸运的是，无论这种场景有多可怕，它终不能成为现实。先不说在地球上对应中国的另一面有没有核反应堆（与流行的大众观点不同，在地球上，中国并未处于与美国相对的位置，与中国隔球相对的是南美洲的一部分以及一片汪洋大海），即便真有核反应堆在熔化地球，别说地心了，就连地壳它都穿不过去。它无法一直将自身的形态保持为一个滚烫的液球，反而会四处溅开，一经碰到周围的地面则开始冷却，其温度将迅速回落到正常水平。

前面提到过，切尔诺贝利事故的成因中有一部分应归结于发电站欠佳的设计。此次事故之前，西方的多数核电站都非常重视安全性建设；此次事故之前，苏联也加强了这方面的建设。事实上，还有一种方法能让核力发电更安全——球床反应堆。球床反应堆与以前的反应堆在设计上完全不同，它把铀放在采用特殊石墨（碳）做成的球状容器内进行反应。

球床反应堆之所以安全，主要因素在于它天然不易发生传统核反应堆的失误现象。前面提到过，反应堆如果无法冷却，链式反应将会终止，其危险主要来自被高温点燃的石墨控制杆，石墨控制杆燃烧产生的火焰将会熔化受污染的容器。但球床反应堆的碳球容器采用热分解石墨制成，抗热性极佳，反应中的高温不会致其燃烧，也就不存在核芯熔毁的风险，不会有火烧穿安全壳的风险。即便反应堆失控，也只会是单纯的温度升高，温度达到峰值后将会冷却下来，不会对周围环境产生任何影响。此外，这种反应堆的工作环境温度比传统反应堆更高，因此效率也就更高。

不过，奇怪的是，使用核电的国家建立了诸多核电站以满足自身电力需求且能同时减少温室效应，但却少有国家认真考虑过球床反应堆的使用。如采用这种反应堆，或许正是避免未来潜在核灾难的主要行动。

另一个能让核力发电更安全的方法是核聚变。今天，这种太阳能源产生的方式已在地球上实现。也许，核聚变发电能将核浪潮推向一个新高度。在事实上，就核废料而言，聚变发电也比裂变发电更安全且清洁。

现有的裂变核电站需要开采一种稀有矿以提炼铀。在使用铀的时候，核电站还会产生一些放射性高且半衰期长的副产品（包括钚元素）。这些核废料需要保管上千年，以防止其辐射扩散，同时还要防止恐怖分子的盗取。与此相反，聚变反应不用消耗那些正处于快速耗竭中的铀矿藏，它以储量丰沛的氢为燃料，只产生低辐射水平的核废料（不过，在长期使用后，聚变反应的容器会带有放射性）。此外，聚变反应很难持续运转，这也是它固有的安全性——如果反应过程中发生错误，整个反应会立刻停止。

但"很难持续运转"也确实是个问题。人类研究了55年也尚未找到解决办法，使聚变反应生产出的能量可超过在启动其运转时所投入的能量。下一代聚变装置是国际热核聚变实验堆（International Thermonuclear Experimental Reactor，ITER），人们希望这种反应堆能实现期望中的自我维持状态。ITER计划的本部设在法国，是国际联合投资建立的一个项目，计划在2016年投入使用。（就在我写本书的当下，鼠目寸光的美国政府从ITER计划中撤走了1.6亿美元，计划被推迟的可能性极大。）

如果ITER计划能按时获得推进，2050年前，这份计划应能打造出一个商业化运作模式。一些激进的人说，只要30年，核聚变反应堆就能实现商业化。人们抱有很多希望，但事实是，在2100年之前，核聚变也很难在我们的电力供给中占据到举足轻重的地位。这种既能提供电力又不会造成重大灾难性事故的核能的确存在，但却在很长一段时间内无法投入使用。

有人会争辩，下一个对人类的威胁（我们下一章会讨论的气候变化）距离成为"意义深远的危险"还为时尚远！的确，对过去几年的气候变化进行的风险评估，一直都在摇摆。但我们所拥有的每份数据似乎都让这份危险显得更加真实，更加迫在眉睫。

4　气候灾害

> 地球气候瞬息万变。自 2001 年以来，涌现出了一系列新发布的科学论证，分析说明了气候变化规模、人为因素对气候的影响，以及气候对人类的影响力与日俱增的诸方面。其中，绝大部分观点倾向于气候变化越快，人类越危险。
>
> ——约翰·保罗·霍尔德伦（John P. Holdren），美国科学促进会主席，《纽约时报》（*The New York Times*）

今天，我们才开始正视人类科技对地球环境产生的影响。我们不必去看科学疯子们制造出的那些罪恶的大规模杀伤性武器，就看看我们日常的交通、住宿、工业，以及日常消费，它们均对地球产生着持续且直接的影响。气候改变早已发生，事实上，全球升温仅需 1~2 摄氏度，就足以将世界文明逼入万劫不复之地。

这就是科学为人类埋下的最深隐患。我们在机械化文明中得到了大量的好处，我们能做到以前的人们难以想象的事情——从地球的一端飞行至另一端。甚至，在做某些事情的时候，已不再需要我们亲力亲为。不过，今天的我们渐渐明白，这些让我们生活变得更方便舒适的科技对我们的地球存在何种全维度的影响。

可以说，我们直到最近才明白气候变化存在的隐患有多大。我在2005年出版的《牛津科学术语词典》（*Oxford Dictionary of Scientific Quotations*）中并未收录有关"全球变暖"的词条，只有一个词条提到了"气候变化"，但它也和我们现在所关注的问题不相关。通过美国大气化学家理查德·皮特·图尔科（Richard P. Turco）在1983年所说的话，我们可以看到气候在这些年都发生了怎样的改变。

> 全球核战会严重影响气候，具体表现为：地表持续数周不见天日、冻土温度持续数月之久、全球环流模式发生剧烈改变、局部天气和降水发生翻天覆地的变化——不管在哪个季节，地球都是一片岁暮天寒的"核冬"之景。

在核战一触即发的世界中，人类对地球气候最可能造成的重大影响总结为"核冬"。原子弹爆炸会产生大量烟雾和残渣，这些烟雾和残渣如同喀拉喀托火山爆发造成的漫天阴霾一样，会满布于大气中。它们能使地球长期处于暗无天日的环境中，气温骤降，地球甚至走向末日边缘。除了赤道附近，地球将全部进入冰河时代，万物凋殒。

现在，原子弹改变气候的威胁逐渐淡去，另一种截然不同而更为微妙的隐患悄然而出。这就是前美国副总统阿尔·戈尔（Al Gore）在2006年参演的电影《难以忽视的真相》（*An Inconvenient Truth*）中提到的致使气候变化的隐患。但在很长一段时间里，媒体以及那些对气候变化视而不见以期从中获利的人，一直在淡化此类问题，甚至避而不谈。诸如《难以忽视的真相》这类影视作品也未能带来真正意义上的积极作用。这类作品热衷于传递现象，却往往忽视了事实本身。但我们不能就此认为所谓的气候变化并不存在，更不能认为气候变化对人类的影响非常微弱。

某些公司的产品和服务对环境造成了威胁，这些公司为了从其产品和服务中谋利,对环境科学调查结果持鲜明的反对意见。不过,我们也不能轻易地论定只要在这类公司里工作的人就一定是坏人,这些公司的高层也是有孩子的家长,他们也有较大可能希望环境得到保护。但历史表明,商业机构皆善于忽视他们产品中的负面影响。一些烟草厂商曾经的所作所为就足以证明,他们对气候变化的证据视而不见,咬紧牙关挺至最后一刻,甚至还企图捏造一些能正面支持他们产业的观点。

那些公司一次又一次企图封锁气候变化的坏消息,对气候变化的证据充耳不闻,还欲图反对专家意见。通常有三类团体能做出这样的行为:第一是大型机构;第二是某些个人,这些人初看只是站在自己的立场上反对全球变暖的消息,但追溯他们的资助资金将能直接延伸至第三类;第三类是某个能源公司或某一行业领域。这第三类团体会认为,气候变化这一概念会阻挡他们的财路。

2007年初,"美国参议院环境委员会"(the U. S. Senate's Environment Committee)主席、参议院议员芭芭拉·柏克瑟(Barbara Boxer)与"联合国政府间气候变化专门委员会"(Intergovernmental Panel on Climate Change, IPCC)的领导人进行了会晤。IPCC是由"世界气象组织"(World Meteorological Organization, WMO)与"联合国环境规划署"共同创立的政府间组织,旨在为世界各国政府提供一些科学证据。在此次会议中,柏克瑟议员明确得知气候变化真实存在,同时,化石燃料燃烧很有可能正是造成此问题的主要因素。离开会议后,柏克瑟的一名工作人员将她拉至一旁,告诉她,"一些保守的石油公司机构用10 000美元买通了美国的某科学家,试图撰写文章攻击IPCC的报告。"

这是一场有组织的对抗。前参议员蒂姆·沃思(Tim Wirth)曾是民主党的环境发言人,他将石油行业与巅峰时期的烟草行业画上了等号。"二者都将科学结果认定为尚存模糊不定之处且仍有争议,以此给人们心中留下疑虑。对公众和国会双方,这都产生了巨大影响。"这一对抗的结果,欲让公众满心疑虑,迷惑不解。许多媒体也给人们传达信息,言称"就气候变化是否确实存在人为因素这一问题,科学家和科学观点产生了分歧"。

假设有个秘密联盟团队正力图反驳全球变暖的观点,他们如知道了以下这件事一定会感到震惊——"早在1998年,就有一个很著名的组织反对全球变暖的观点,他们派遣代表在历来充满偏见的美国石油组织(American Petroleum Institute)所在地会见了美国埃克森美孚石油公司(ExxonMobil)派遣的代表。双方商议,召集20名科学家,并将这些科学家训练为媒体发言人,以发表一些反对全球变暖的观点。(但很快,这次行动就因会议记录泄露而被搁置。)"

最终,埃克森美孚公司似乎在对抗"反对全球变暖"的斗争中失去了斗志。一名参议员指出,这家公司花费了1 900万美元,试图希望"反全球变暖组织"提供"可疑的数据"。因此举,他们被上议院拿住了把柄,最终,公司只能公开宣布自己接受气候变化会带来危害这一观点。不过,这些可能只不过是些场面话而已,现在还有一些资深的共和党成员依然坚持不存在全球变暖的观点。然而在有关气候变化的博弈中,美国,作为一个国家,似乎终于转变了自己态度。

在理解人类破坏环境后可能造成的后果上,我们存在许多不统一。很大一部分原因归咎于后果不够显著:按照目前的行为尺度,我们对环境的不友好行动所产生出的危害,并不总是特别骇人听闻。有传言称,在最坏的情况下,至本世纪末,平均气温会升高5摄氏度。这个数据对一些人来说太微不足道,甚至一些生活在高纬度寒冷地区的人会认为这明显是一种好事。然而,他们不知道的是,在这几摄氏度的背后隐藏着极严重的危患。

首先,这个升温度数是平均数。平均温度的升高,在数学上存在最高温度大概率猛增的可能,远超目前的最高气温峰值。站在宏观角度看待事态发展时平均数或许非常有用,但在微观局部经历中平均数或许会给我们带来较大的误导。我们不妨设想,依据平均数进行推断的困难性案例——"平均每人的腿低于2条(总有失去1条腿的人,故平均数低于2)。那么,商店是否不该以'双'为单位售卖鞋了?这不是很可笑吗？"如果你只考虑平均数，有较大可能会得出这样的结论。我们并未生活在平均数里，我们生活在最高值到最低值的全范围中——不管最高有多高，最低有多低。

此外，气候变化带来的不只有气温升高，它还带有更广泛的影响。局部温度上升过高，或许会带来旱灾、火灾（如曾横扫加州的火灾），冰川融化将导致海平面上升——成片地低洼地带的房屋将遭致废弃。想一想，2005年新奥尔良遭遇卡特里娜飓风（Hurricane Katrina）灾害的后果——假如这样的灾难在几乎全世界的低洼沿海地区重现，结果会如何？

我们不愿去为气候变化做任何事，因为那样做的代价太高昂。我们一旦采取了那样的行动，就得在当下承受经济上的痛苦，去平衡处理未来那些无法精确量化的问题。2008—2009年，世界正处于经济衰退期，这时处理气候问题更是倍加困难。大部分国家的政府都认为使经济恢复运转占据着更为重要的优先级，地球气候的事宜可缓缓再说。比如，英国政府出台方案鼓励人们多出行，多买车辆。对就业机会来说，这样的方案或许不错；但对地球来说，则不尽然了。

让人吃惊的是，民众普遍接受气候变化的事实花了太长时间——美国国家科学院（U. S. National Academy of Science）首次研究全球变暖的时间可追溯到1978年。

在政府间气候变化专门委员会2007年的报告中，联合国表达了他们对气候变暖事实的支持态度，认为全球变暖确有其事，承认了自1950年以来气温上升出于人类干预的可能性。联合国环境规划署执行主任阿希姆·施泰纳（Achim Steiner）说："2007年2月2日将被世人铭记。这天，我们确定，人类的行为的确对地球气候变化产生了影响，这已是板上钉钉的事实。"

甚至，少部分不认同人为因素影响气候变化的科学家也承认，我们正在经历全球变暖的过程。根据IPCC的说法，在未来几个世纪，世界将会持续经历气温上升、海平面上涨，以及天气紊乱的现象。记载中，地球最热的 10 年发生于 1990 年之后。而在这些年里，温度最高的那几年皆出现在最近 10 年之内。所有科学证据均指出，相比过去 2 000 年的任何时间，今天的地球气温更高。如果这个趋势一直保持下去，在本世纪末，地球气温将达到 2 000 年来的峰值。

很多人开始讨论，如何行动才能阻止气候变化——然而，实事求是地讲，他们所提及的做法效果甚微。我认为，这些做法太微不足道，且为时已晚。即便我们能劝说西方世界放弃他们最热爱的 SUV（运动型多功能汽车）和廉价航班，中国和印度的经济也逐渐蓄势待发，欲在这些方面与西方世界一较高下。一些人提出，欲防止气候变化超越我们无法控制的升温加速临界点，唯一办法是在 2030 年以前减少 90% 的温室气体排放量。然而，没有哪位政客提出的削减程度在科学的程度上能达到这样的水平。

事实上，我们并不需要等达到临界点时才能看到气候变化的加速——现在，气候已开始了加速恶化。《新科学家》杂志 2007 年 2 月刊记录："IPCC 的发起人承认，一直以来，他们都很保守。在保守和误导之间有条很微妙的界线。有时，他们的结论会跨过这条界线，这些结论或许会遗漏一些风险，可能是由于我们还未能清楚界定气候变化的整体规模，也可能是由于我们尚不清楚气候变化加速的可能性有多大。"每周，我们都会听到新消息传来，言及全球变暖势头比之前预想的更为迅猛。

地球温度主要来自太阳热量，仅有相对较小的一部分来自地心热量。若没有太阳的能量，地表温度将下降至零下 240 摄氏度左右，与那些处于太阳系更外围的行星表面一样。太阳为地球带来的温度，对维持地球生命的生存至关重要。但太阳也与全球变暖问题相关——"一般地，在来自太阳的热量中会有一部分被地球反射回太空。如果，地球反射回太空的热量减少，被大气和地球吸收的部分将增多，地球的温度则会升高。"

温室效应，就是减少太阳能量被反射回太空的一种效应。在这里需要强调一下：与太阳之于地球的意义相同，温室效应本身是无害的，如果地球没有温室效应,地球将变成冰寒之地,平均温度将下降到零下18摄氏度。同时,如果温室气体太多,也会带来与失去温室效应等量的麻烦。

温室效应是由大气中诸如水蒸气、二氧化碳、甲烷这类气体造成。阳光进入地球时,会在其行经的直线上散发能量。在地球,这些能量将以红外射线的形式反射回太空,这些反射的红外线有一部分会被大气中的气体分子吸收。与此同时,气体分子会将其吸收的能量重新释放,一部分继续回到太空,其余的则返回地球,使地表温度升高。

在黄昏或黎明,我们能看见金星,只要在这样的时刻抬头打探天际,我们就能明白失控的温室效应将带来何种后果。金星为大量二氧化碳所包裹(大概占大气的97%),故而几乎没有热量能脱离金星。诚然,相比地球,我们的兄弟行星金星与太阳距离更近,正是它超强的温室效应才让它的表面平均温度达到了480摄氏度。这样的温度足以让铅融化为液态。金星表面的最高温可达600摄氏度,因而金星成为了太阳系中温度最高的行星。

没人会认为地球的温室气体将达到如金星那样的饱和程度,但地球上的二氧化碳、甲烷以及其他气体的浓度也确实在不断上升,它们在天空中共同编织出了一张保温毯。每年,我们会产生出2 600万吨二氧化碳并任其涌入大气。在这些排放出的二氧化碳中,25%的部分被海洋吸收(随着海水持续酸化,其所占百分比会越来越低),25%的部分被陆地吸收(大部分功劳应归于植被),剩余的50%的部分进入了温室气体层。

回首过去,在工业革命开始之前的大概800年的时光,地球大气二氧化碳水平大致稳定。在工业革命开始之后,二氧化碳水平开始上升且上升的加速度不断增大。

工业革命之前,大气中的二氧化碳含量大约为280ppm,2005年该指标上升到了380ppm。据推测,前一次地球大气中的二氧化碳含量达到如此之高的时间,是3 500万年前的上新世(Pliocene epoch,地质时代中第三纪中最新的一个世)中期的暖期,远在现代智人出现以前。据IPCC预估,如果我们不控制我们产生的二氧化碳,在本世纪末,二氧化碳在大气中的占比或许会达到 650~1 000 ppm。根据世界上最先进的一款地球气候计算机模拟器戈达德太空研究所(Goddard Institute for Space Studies,GISS)模型预测的结果,如果上述情况成真,那么地球的水系分布将受到严重影响,预计在远未到达那天的时候,美国大陆上的大部分地区将遭受频繁且严重的旱灾影响。

最近还有其他预测认为,至本世纪末,热带地区经历旱灾的频率会是现在的 3 倍。旱灾的发生频率已在上升,美国国家大气研究中心 2005 年发布的一份报告中提道,"自 1970 年以来,全球陆地区域经受旱灾影响的比例已翻了一番,如澳大利亚西南部就面临着降雨量逐步下降的趋势。这一现象不仅可以引发干旱,还增加了丛林火灾的发生概率。"

随着干旱灾情的扩散,地球上的水资源也受到限制。在澳大利亚、南美洲的大部分地区,以及欧洲、印度、中东等地区,河流和地下水层的出水量明显下降,全球性旱灾的情况日趋严重。根据联合国 IPCC 的 2007 年度报告预估,"至本世纪最后四分之一时期,全球将会有 11 亿~32 亿的人口面临水资源缺乏问题。"

历史上的旱灾,持续时间相对较短。这些旱灾皆为受到某些短期气候波动所致,在统计学上此类波动呈点状分布。它们并非受制于长久的气候变化,这些波动会引起某些灾难但尚能使环境恢复至正常状态。倘若,人类真正遭遇长久性旱灾,人类社会距离穷途末路亦不远矣。但凡经受过长期干旱的文明,均早早湮没于历史长河,了无影踪。干旱如长达 3~4 年,旱灾当地的居民将只有两个选择:要么背井离乡,要么撒手人寰。再过几年,那里将成为一片荒芜,只剩鬼城与死村。因此,旱灾绝非小麻烦。

乍听起来,那些认为地球水量正在减少的言论似乎全为无稽之谈。从太空的视角看地球,地球与太阳系其他星球的最大不同在于其巨量的水资源使它成为了蓝色星球。人们估算,地球总水量有 14 亿立方千米

(10亿立方英里的33%)。这个数值实在巨大,以至于人们很难在脑海中形成确切的概念。1立方英里的水(试想一个水构成的立方体,立方体的每条边为1英里长)大约接近10 000亿加仑(1加仑约3.785升)。

假如,按地球人口总量将这些水作平分,每人将会得到大约0.1立方英里(约4.2亿立方米)的水。再精确一些,每人可拥有560亿加仑(约2 120亿升)的水。合理计算一下,如果每人每天会消耗1.3加仑(约4.9升)的水,这些水量将供给人们支撑116 219 178年,且这是建立在我们消耗的水无法回收的前提下。事实上,我们所"消耗"的水很快又能回归自然,供我们再次使用。所以,水资源缺乏似乎绝不可能!

事情当然不是我们所设想的那样简单。实际上,我们每天的用水量不止1.3加仑。西方人每人每天通常会消耗1 500~3 000加仑的水,其中一部分用水量为直接产生——沐浴、给草坪浇水、冲洗马桶。还有一部分用水量为工厂生产商品、食物等活动而消耗,显然,它比任何的私人用水量大得多——仅生产一个汉堡包的肉,就需用掉1 000加仑的水;更可怕的是,生产一罐一磅重的咖啡,将消耗2 500加仑的水。

现在,假设人均日消耗水量3 000加仑,地球上的水资源仍能支撑57 000年以上,这一数据中还未计入回收再利用的水。如此,上述危机到底来自哪里?事实上,尽管地球上的水资源丰富,但其中的大部分较难获取以为我们使用——部分以冰的形态存在;部分被固定在地下;最大的部分是海洋(大概占地球总水量的97%)。

对于如美国这样拥有海岸线的国家,得到海水并不困难,但欲让海水可饮用则需花费非常高昂的成本。今天,很多沿海国家都在高资建造蓄水库以收集在数量上相对更少的淡水雨,而不会去利用那些天然存在于他们身边的广袤无垠的海水。这样的现象说明,要将海水转化为可供人类饮用的淡水,其中涉及的脱盐工程将是多么昂贵。

水资源匮乏,主要原因在于低价能源的缺席。如能找到取之不尽用之不竭的低价能源,水资源匮乏问题将作古。同理,能源的价格将间接限制人类的食物资源。干旱使灌溉成本升高,由此增加了种植粮食的难度，但如有充足的能源，干旱问题将被大大减少。就全球范围而言，气候变化愈演愈烈，而我们的能源却非常有限，人类很难为粮食生产提供充足的灌溉。同时，能源不足时，我们也很难将粮食输送至全球各地以满足全球所需。

即便是干旱情况不那么紧迫的地方，居高不下的温度也能使原本富庶的地方变得日渐荒凉。有人曾预言，如今二氧化碳水平上升，水资源匮乏，再加之森林火灾毁坏林地，很多热带森林地区（如著名的亚马逊热带雨林）或早或迟会变为大草原，再变成小草原，最终演变为一片荒芜。一直以来，亚马逊雨林都被誉为"世界之肺"。由于森林火灾频发，现在的它却成为了二氧化碳的最大源头。这片雨林向大气释放出的二氧化碳总量已大于2亿吨，已超过了那边存活的森林所能吸收的二氧化碳总量。若任由它的自然发展，至本世纪末，亚马逊热带雨林将成为我们记忆中的历史。

这是一例从碳汇（吸收空气中二氧化碳的事物）转变为碳源的案例，而这样的案例并不仅限于热带森林。2005年，英国科学家就曾报告，他们提及英格兰和威尔士的土壤同样从碳汇转变为了碳源。随着那里的平均温度的升高，土壤中的细菌也变得越来越活跃，这些细菌将释放出比以前更多的二氧化碳。至2005年，这些土地所释放的二氧化碳已然足以抵消英国自1990年开始为减排所做的一切努力。

在类似亚马逊雨林的一些区域，降雨量下降，气温不断升高，还可能致使大量动植物灭绝，欧洲和一部分北美温带针叶林也可能大幅减少。不过，情况也不全然悲观——北美和亚洲的森林也许将会向北扩展。然而，即便如此，在我们有生之年，吸收二氧化碳的植被依然会转变为碳排放的主要来源，让温室效应形成"正反馈"，这才是气候变化的最大噩耗。

对于正反馈，我们有个最熟悉的例子：当话筒和扬声器相隔太近时，扬声器会发出尖锐刺耳的啸声。话筒收集四周微弱的声音，将这些声音放大然后从扬声器传出，放大的声音又被收集回话筒里。如此循环，声音被不断放大，最终形成了刺耳的啸叫。对气候变化这一现象，让人担心的是，全球气候多处存在类似的正反馈体系——变化加强了变化的成因，又使变化加速发生，再反过来加强成因……往复循环。

但在科学预测中，科学家通常忽视正反馈效应。美国周刊《新科学家》(*New Scientist*) 在2007年2月刊里提道："研究者越来越担忧气候系统的正反馈现象，但在'IPCC报告'的总结中并未体现出这一现象……显然，我们需要对这一现象有所了解。"

不只是亚马逊雨林和澳大利亚灌木丛存在这种正反馈现象并因此加剧了温室效应。随着气温上升，地球上的其他森林也会逐渐失去碳汇平衡，比如一些加拿大的森林也严重受到了气温上升和虫害造成的影响。在一年时间里，位于加拿大西海岸的不列颠哥伦比亚省（British Columbia）就因森林火灾和森林瘟疫失去了4万平方英里（10万平方千米）面积的松树林（超过华盛顿州陆地面积的50%）。当地政府当时估计，至2013年，该区域中80%的松树都会消失。

这种自然火灾能一举摧毁数千万公顷的土地及土地上附属的任何东西。此外，这类火灾的发生越来越频繁。1998年，美国佛罗里达州（Florida）火灾摧毁了48.5万英亩（19.6万公顷）土地，尼加拉瓜火灾将2 200万英亩（890万公顷）土地烧作白地。2007年，佛罗里达和佐治亚州（Georgia）交界处，大火摧毁了60万英亩（24万公顷）土地。如今，就连英国这样的温带地区，也开始面临自然火灾的威胁。

受制于上述事实，农业发展也不得不经历巨大变化。热带地区国家的传统作物将向温带地区扩散，而原本的热带国家在粮食供给上将无以为继。2007年IPCC的报告，不止提及了水资源大量匮乏的问题，还提及了21世纪气候变化会给我们带来的直接影响。

如果事态演变越来越严重，或许我们只能将希望寄托于"末日粮仓"（Noah's ark of food，由全球作物多样性信托基金在北极附近的斯瓦尔巴群岛的永久冻土上建造的粮仓）。该粮仓储藏了300万批目前人类已知种类的作物种子，以抵抗全球灾害的影响。

在全球变暖所产生的影响中，还有一种更隐匿的影响，它将引发气候系统中另一种特别严重的正反馈回路——西伯利亚（Siberia）永冻层融化。

在西伯利亚西部，有一个非常广阔的泥炭沼泽，面积大约为35万平方英里（90万平方千米），大致为得克萨斯州（Texas）和堪萨斯州（Kansas）的面积之和。泥炭是古时苔藓和植被腐化的残留物，富含甲烷气体（这种气体在温室效应中的作用可达二氧化碳的23倍甚至更高）。在泥炭沼泽中，甲烷被冰封在永冻层内，甲烷冰与泥炭形成了固体混合物，不随季节变化而融化（此前未出现过融化）。而现在，该永冻层开始了融化，并向大气释放出了大量甲烷。截至2005年，这片沼泽每天能释放甲烷10万吨，能抵消全美人口为温室效应所作的全部贡献。通过正反馈效应，这片沼泽地释放出甲烷，甲烷导致气候变暖，气候变暖导致这片沼泽地释放出更多的甲烷。

由于城市热岛效应，城市居民受气温上升的影响比非城市居民更大。正常环境中，夏季温度会受夜间降温控制而保持在一定水平之下，地球处于夜晚的一侧不再接受阳光能量照射，进入热量散失状态，荒野的夜晚甚至还能给人带来寒冷刺骨的感受。但在人口密度极大的城市，自然降温大打折扣——人行道两旁耸立的高楼成为了蓄热器，它们在白天吸收热量，夜间释放。

这一理论解释了2003年欧洲热浪时期"大量病人集中于市区"的原因。这股热浪的热量并非来源于骤然间的大范围爆发，而是日复一日的累积，夜间热量依然处于持续累积状态。2003年热浪时期，受袭地区的夜间温度也未曾下降。2003年8月，巴黎夜间温度从未降至78华氏度（25.5摄氏度）以下，大部分处于市中心且没安装空调的家庭，闷热使人窒息。当时，巴黎有上千人死于城市街道累积起的持续高温。最终，欧洲死于热浪的人数超过了35 000人，由热浪引起的污染致死人数还额外增加了15 000人。在城市里，高温空气很难流通，大大加重了这一情况。

4 气候灾害

欧洲并非唯一遭受过持续高温侵害的地方，即便美国这样空调安装更普遍的国家也在1995年7月发生过类似情况——芝加哥曾遭受了持续高温热浪，连续两晚的夜间最低温为80、84华氏度（27、29摄氏度），致上百人死亡。更糟糕的是，热空气会上升，在同一栋楼中，底楼和顶楼差异巨大，高楼层的人在热空气中蒸煮煎熬。

诸如1995年芝加哥的热浪，每隔20年左右会出现一次。到世纪末，最乐观估计为1年出现1次。有一个因素能缓解这一情况，它或许还能使一些北方地区获益：大洋温盐环流正在变慢。大洋温盐环流是一种洋流复合系统，能将大量热带地区的高温带往高纬度地区。这一洋流的输送系统中有部分路径途经大西洋表层，使美国东北部沿海地区和北欧地区的温度不会低至西伯利亚那样的程度，如墨西哥湾暖流（Gulf Stream）。

一些科学证据证明，气候变化会导致冰盖（ice sheet）融化并形成淡水，这些淡水会使上述洋流的输送力度减小。洋流输送系统崩塌的情况在电影《后天》(*The Day After Tomorrow*)中有体现，只是它将这种崩塌的速度和后果刻画得过于夸张。模拟气候变化对洋流输送影响的初代模型显示，本世纪内所有洋流输送系统均将停止，但最近的乐观预估为该系统的输送力度会下降25%。这有助于缓解墨西哥湾暖流附近地区受气候变化影响而致气温升高的现象，但不能完全抵消。

全球气温变暖后，海岸线附近的微妙平衡将会遭到打破。气温升高，海平面必然上升。结果不只是沿海野生动植物的生活将受到海平面上升的影响，包括纽约、伦敦在内的世界级大城市，以及诸如孟加拉国这样的处于低海拔地区的国家，均将受到海平面上升的威胁。在1998年风暴潮中，孟加拉国就曾有65%的地区被淹没。海平面上升，将不费吹灰之力使这些地区永远沉沦。

气候变化对海平面将产生两方面的影响——吸引人眼球的一方面，大片的冰盖融化，融入海洋，海水总量陡增；另一方面，温度升高，液体体积会陡增（对海洋这样的大水量而言，这一现象的表现尤为明显）。

水温仅升高数摄氏度，海平面就会单纯地因水体积变大而升高几英尺。

受天气变化的影响，我们视觉上最能直观感受到是北极冰在夏季会逐渐消失。最近几年，这一现象发生的范围开始变广，且进展速度也比以前快了许多。NASA（美国航空航天局）卫星显示，有28万平方英里（75万平方千米）的冰本应处于长期冻结状态，但它们在2004年冬至2005年冬发生了融化，这一情况史无前例。在2005年夏的气温极低点时，极地冰帽（ice cap）面积相比1978年减少了20%。在过去的数年间，北极甚至消失过至少一次。该情况之所以会发生，因为北极并非一块实质陆地，而是漂浮的冰盖。

值得庆幸的是，北极冰盖融化并不会导致海平面上涨。如同船体，浮冰本身会在水中占据相当部分的体积，浮冰融化并不会致使整个水平面上升。但这可不意味着北极冰在夏季消失是好事，它会迫害北极熊等野生动物的生存空间，还会给全球变暖带来直接影响——冰盖融化会触发另一种在世界气候变化中常见的正反馈循环。

前面介绍过，太阳的能量温暖了整个地球，但地球上不同地方接受到的太阳能量并不等同。表面颜色更浅、更亮的地方，会将更多的能量反射回太空（建立在温室效应气体非过高的前提下）。冰盖表面洁白，闪闪发光，能反射更多的太阳能；与此相反，海水色泽深沉，会吸收大量的太阳能，且水能吸收的阳光热量也高于冰。故而，北极的冰，融化越多，其吸收太阳能量的能力则越强，进而能融化更多的冰——形成正反馈。因此，即便北极冰盖融化不会直接导致海平面的上升，它也仍然能通过正反馈效应给全球变暖带来更为深远的影响。

就海平面升高的危机问题，格陵兰岛的变化或许比北极更令人忧心。提到格陵兰岛，你或许会想到其作为欧洲和美洲两块大陆之间一块小小的冰寒之地而存在，又或许会想到它那不靠谱的名字，靠着那乐观积极、绿意盎然的名字骗去了太多挪威人前来定居（格陵兰岛英文为"Greenland"，意为绿意盎然的大地）。但我要说的是，在气候方面，格陵兰的有趣（也隐隐让人害怕）之处正是它的冰盖。

更确切地说，在格陵兰岛上存的并非纯粹的冰盖，而是连绵的冰山。格陵兰岛的冰盖覆盖面积达到了 50 万平方英里（125 万平方千米）——相当于美国德州、加州、佛罗里达州面积总和。此外，这些冰山的海拔高度多数超过了 1 英里（1 600 米），最高的冰盖海拔接近 2 000 米，达到了美国最高山峰麦金莱山（Mount McKinley）高度的一半。

根据 NASA 提供的数据，20 世纪 90 年代，岛上的冰盖以大约每年 12 立方英里（50 立方千米）的速度消减。这可不是什么小数据，对格陵兰岛上的冰而言，其完全融化仅需 1 000～10 000 年的时间。戈达德太空研究所的负责人暨布什政府首席气候模型师吉姆·汉森（Jim Hansen）形象地说："（格陵兰岛的冰）正滑向深渊。"截至 2000 年，由于格陵兰岛冰盖的融化速率升高过快，其消失的冰已远超 10 年前的预估量。之前，曾有人设想，格陵兰岛的冰会从表面慢慢地向下融化，以径流的形式一路渗透直抵海洋，可实际情况却与该设想大相径庭。

通常，冰融化为一摊水，覆在冰盖的表面。不过，冰盖并非任何时候都同样坚固。如果处于那一摊水下的冰裂开一条缝，水会向下渗并使冰缝裂隙越来越深。最终，水会穿过整个冰盖，到达其下表面与岩石相接处，水流会从冰盖的下表面对其进行侵蚀，使一整块大冰盖从陆地上飘浮起来。"水，一旦渗进了裂缝，"宾州大学（Pennsylvania State University）的理查德·艾利（Richard Alley）说，"融化冰盖底部，不再需要 10 000 年，10 秒钟已然足够。"如果整个格陵兰岛的冰盖最终进入了大洋，地球的海平面将会上涨 23 英尺（7 米）。这一情况还未将南极冰帽融化纳入考虑——南极的冰帽也伫立于陆地之上，也是导致海平面上升的因素之一。

如果冰盖融化还不足以引起人们的重视，那么，今天世界占较大比例的冰川正以前所未有的速度消失的现象或许足以让人感到警惕。冰川融化不仅对海平面上升有重要影响［仅塔吉克斯坦一个国家的冰川就贮藏了 200 立方英里（800 立方千米）的水］。需要注意的是，冰川融化出的水对很多国家的灌溉和人类饮用非常重要，比如中国西北部大约有10%的水源来自冰川融化，世界上的其他某些地方或许更高。如果我们失去了冰川，大部分国家的经济和社会健康状态将受到极大破坏。

海平面上升真实存在且逐日发生。南太平洋的卡特里特群岛（the Carteret Islands）正被逐渐抛弃，岛上 2 000 居民已因为海平面上升而迁居他处。最近的一次较乐观的推测认为，至 2020 年，卡特里特的所有岛屿均将遭到淹没。图瓦卢（Tuvalu）可能比卡特里特更悲惨。图瓦卢是南太平洋上的另一个国家，以若干群岛建立起了自己的政权，岛上的 10 000 人口同样需要面临背井离乡的抉择。不久以后，这个国家或许会成为传说，如同今天的亚特兰蒂斯（Atlantis）一样，消失在大洋深处。

世界上，多数大城市处于沿海地带。一旦海平面上升达到一定程度，这些城市均将遭致遗弃。现在看来，这些推测成为现实的可能极大，只是无法确定它们发生时间。保守估计，至 2100 年，海平面或许将上涨 1.6 英尺（0.5 米），该估计并未将正反馈效应和格陵兰岛冰盖是否会有意外情形发生纳入考虑。与 10 年前的预期数据相比，北极永冻冰在 2007 年的变化速度更快，达到了预期值的 18 倍。至 2007 年 2 月，海平面上升的速度已达到了 2001 年预估的 2 倍。如果不改变我们在应对气候变化中所采取的行为方式，海平面有较大可能在我们的有生之年上涨至 16 英尺（5 米）。平均气温升高仅 2.7 摄氏度（5 华氏度），世界就会变为上新世中期的模样，那时的海平面将比现在高出 80 英尺（25 米）。回想过去的新奥尔良的洪水，那时只会更加严重，纽约、伦敦等诸多城市或许都难逃灾难。

全球变暖会改变世界人口的居住结构。今天，全世界有超过20%的人口居住在距海岸线 20 英里（30 千米）以内的区域，而这部分居住于危险之地的人口还以世界平均人口增长速率的 2 倍速率不断增长。海平面上涨，意味着美国东部大部分沿海地区将被遗弃，包括佛罗里达州也有一半位列其中。此外，世界上居住着数亿人口的低海拔沿海地区也将被遗弃。不仅如此，之前曾提到，若格陵兰岛的冰盖融化，海平面将上升23英尺（7米）；若南极西部脆弱的冰盖发生崩塌，海平面将再上升20英尺（6米）；若整个南极的冰帽发生融化，海平面将再上升200英尺（60米）[若温度增值未达到36华氏度（20摄氏度），此类事件发生的概率不大]。

研究海平面上涨数据，必须将风暴潮的影响计算在内。在某些地区（如新英格兰海岸），风暴一旦达到强盛时刻，海平面将比其他情况下的地区额外上涨3英尺（0.9米）。

我们的能量来源，或许要仰仗太阳，但就物质方面而言，地球本身就是一个巨大的封闭系统。世界上有一些地方发生过度干旱，就会有一些地方遭水厄威胁，海平面上涨也是如此。世界上一部分地区的降雨量可能会增加，尤以狂风暴雨的方式增加最为显著。目前，降雨量的增量相对较少（2001年，IPCC估计，北半球的降雨量可能会上涨5%~10%，比之前几百年的增量还高），但从数据观察，该增量存在递增趋势。

人们非常担忧全球变暖会带来类似2005年卡特里娜这类横扫新奥尔良和周围海岸的飓风，但尚无确凿证据证明气候变化是2005年飓风数量明显增加的成因。海洋温度升高确实更容易形成飓风，但确实也存在别的因素发挥作用的可能。科学家们无法做出准确的定义。

尽管2005年飓风次数增多只是暂时性问题，但热带风暴确实越来越为强劲且能造成极大破坏。2005年有两份研究表明，飓风的能量等级越来越高，已达到20世纪70年代早期记录的多数风暴的2倍，20世纪70年代记录的风暴最高等级也仅为4~5级。不过，这些飓风的破坏力和强劲的龙卷风仍有区别。真正的大型龙卷风源自一种特别的雷暴，似乎并非受全球变暖的影响而产生。一些稍小型、比较常见的龙卷风可能发生更频繁，但也许源于我们对它们的关注与报道更频繁。

随着各种情况趋向恶化，正常的社会保障供给也会受到很大影响。当我们需要面对气候极端变化时，电力、汽油、天然气供给将受到严格控制。同时，不可再生燃料的储存量越来越少，存储地域也更偏远，资源供应受自然灾害和恐怖分子干扰的可能性也越来越大。我们或许会见到，上述这些人们日常必需的社会保障供给将永久中断。

气候变化还会直接中断电力供应。夏季，过高的气温会成为电力系统故障的威胁，部分原因是居民使用空调导致电路负荷过大导致，部分原因则是电线受热变长致其出现松垮现象导致（电线松垮后，会接触到附近的树木，进而导致电路中断）。全球变暖导致天气系统变幻莫测，包括海啸、飓风等现象。这些天气系统可以对配电系统造成极严重的破坏。2006年12月，华盛顿州和俄勒冈州（Oregon）因电线受呼啸的风暴与大暴雨摧残而折断，约150万户居民集体遭受了电力瘫痪，部分地方的供电中断甚至持续了一个星期。2007年1月，英国的几场风暴切断了30万户居民的电路，且停电时间持续数日。气候变化给我们带来的影响日益见长，成为了报媒头版常客。

然而，在许多国家，电网一直存在超负荷运转的状况，或是老化情况严重。虽然此类新闻报道较多，但也无济于事。随着电力系统的铺设越来越复杂，故障及技术性隐患也越来越多。2003年，西欧国家出现过两次规模巨大的电力瘫痪事故。北美东北地区大停电让加拿大大部分地区及美国东北部陷入黑暗，总计5 000万人遭遇了供电中断。同年，一场电力大跳闸使整个意大利与部分瑞士地区的供电中断，总计5 600万人处于不安中，这次断电遭遇者人数亦创下历史新高。

当然，预言并不完全具有科学性。我们甚至对几天之后的天气情况也难以做到准确预测，因此，若认为我们能确切地知道10年后的世界气候真相，似乎太过乐观。各位科学家正努力分析气候数据，且不断努力对此给出各种不同阐释，社会舆论多数支持全球变暖正在慢慢实现，并逐渐会演变为威胁人类生存的因素之一。

还有一些人对全球变暖的说法依然持怀疑态度，他们认为目前的气候变化仍然轻微，或许到本世纪末，气候变化也不会造成太大影响。然而，这些人的观点中有两个重要的错误：第一，气候变化的影响已经开始了展现——若你对此怀疑，建议去和遭受了森林大火或沿海洪水而致无家可归的人阐述观点；第二，他们认为气候在未来的变化等同于当前所见变化，以较慢的速度推进——事实上，这个变化量是递增的。

澳大利亚气候变化专家威尔·史蒂芬（Will Steffen）认为，世界气候变化的趋势并不会一直如此温柔缓慢。他说："变化突如其来，才是一种常态，而非一种意外。"比如，上一次冰河时期期间，地球经历了23次气温骤升，在大约40年的时间中气温上升了28华氏度（15摄氏度）。冰河时期和之后的间冰河期之间发生的整体气温升高事件，有50%（也是造成15摄氏度大变的事件）发生在10年时间之内。

地球发生较大波动时，通常会在瞬息间跨越沧海桑田——这也是最近才出现的观点。理查德·艾利在美国国家科学院的一份报告中总结："最近的科学证据显示，较重大、广泛的气候变化在发生速度上是惊人的……这种新观点，在自然、社会科学家和决策者等更广泛的群体中，很少为人知晓，受重视程度也不高。"我们根据现在的缓慢稳定的趋势作保守预估，至2100年，海平面或许只会上升1.6英尺（0.5米）（如加上风暴，还会将海面掀起3英尺）。不过，我们最好能作好应对气温发生突然升高进而导致海平面快速上涨的应对工作。

即便最保守地看待气温变化因素，也不能低估海平面上升的最终影响，因为正反馈效应也会加速这一过程的进行。

某些时候，就算我们极力地改善周边环境，也可能触发意外地弄巧成拙，适得其反。大气气溶胶（Aerosol），指悬浮在空气中的微粒，诸如雾霾、黑烟等典型大气污染物。在我们设法净化空气的过程中，这些气溶胶会明显减少。事实上，在对抗全球变暖方面，气溶胶具有积极的辅助作用。与温室气体不同，气溶胶能阻挡进入大气层的太阳能量，从而对地面产生冷却作用。（偶尔，也确有相反情况，如烟尘颗粒从气溶胶降落至雪地，使雪地变暗，减少反射，这时的情况则发生了逆转。）目前，气溶胶能将温室效应带来的全球变暖影响降低一半，如果我们净化了空气，这一效果会慢慢消失。

不论是坚决否认全球变暖人为性者，还是提倡环保的科学家，所有人都持有一种共识——气候变暖造成影响的预测仍存在较大的不确定性。这种不确定性不可避免，因为科学家们面临的是一个情况异常复杂、很难完全为人类了解的系统。比如，天上的云，就对气候有较大的影响——低空云层对地球有降温的作用，高空云层会限制红外辐射而对地球有升温作用。显然，对温度升降的影响，不同类型的云有不同的作用。若在气候模型的计算中将云层作用纳入考虑，计算结果会出现一系列的大变动。

虽然在当前的保守预估结果中，本世纪以内的气温会上升 1~2 摄氏度，但考虑到前述的一些因素，气温上升 15~20 华氏度（8~12 摄氏度）的可能性也较高。如这样的温度升高变为现实，气候相关预测中的那些可怕灾难或真将降临于我们身边。不过，预测中存在的不确定性也并非意味着我们只能烧香拜佛求好运，它提醒我们，备好万全之策以防事态向糟糕的方向发展。我们可确知的是：哪怕现实温度仅达到预测中的平均值，我们也将经历灾难——因为我们并非生活于平均气温，我们实际生活在最高温至最低温的整个区间。

根据当前的知识，天气变化给我们世界带来的所有破坏都是不可避免的吗？不是！我们或许有三种方式得到救赎。

第一种，证明气候变化也许是个彻头彻尾的误会。事实上，25 年前，一些科学家还曾预测，我们的环境或将回到冰河时期，而非经历全球变暖。地球的天气系统非常复杂，即便数日后的天气也很难准确预测。此外，混沌一直在天气系统中占据着主导地位，只要在当前发生一丁点小变化，就能使之后的天气发生极大改变。大家或许听说过一则都市传说："一只蝴蝶在某块大陆上振翅，能引发另一块大陆刮起飓风。"尽管这一说法并不真切，但根据混沌定理，我们永不能对超过两周之外的天气作出 100% 精准的预测。

用于预测气候变化的模型也很复杂，且仍受到大量质疑。然而，我们能做的仅是从各种预报中挑选出最好的，这就是过去 10 年天气预报得到极大改善的原因。即使如此，预测的效果也没能达到非常理想的程度。我们可以回顾一下几年前的模型,将其预测与随后发生的情况作比较。到目前为止,几乎所有的模型都过于乐观——气候恶化的速度似乎比任何模型预测出的速度都快。

这一理论或许存在错误,但它依然可以拯救我们。也许,我们将见证世界气候令我们吃惊的一幕,即气候发生了180度的转变。但我们现在还缺乏足够的证据去假设这种情况的发生,因此,以"气候变化是个误会"这样的假设为基础对世界的未来进行规划,着实难以令人信服。

第二种,我们在行为方式上做出足够大的改变,减少温室气体排放,优化我们回收二氧化碳、甲烷以及其他同类气体的方式,以此阻止现在所预测的气温上升。

2008—2009年的全球金融危机可以稍微助力于解决这一问题,至少汽车排放量上升的速度有所下降,但某些鼓励消费者多买新车克服经济衰退的举措仍将对环境产生负面影响。

最鼓舞人心的,或许要说说电力发动和交通运输的变化。在发电方面,我们看到有人在尝试清理发电厂的废气,有的国家在越来越多地使用风能和潮汐能等"可再生"资源,以及尝试通过碳排污交易以减少机构与政府的碳排放量。在汽车和卡车方面,2009年5月曾出现过一份倡议书,展望了未来或将有更加精简、更加环保的汽车。截至2016年,世界汽车排放量将会减少1/3,这样的减排量相当于将1亿辆汽车停放在路边不再使用。

然而,这些行动虽然伟大,但很多气候学家告诉我们,减少排放仍然不够。我们需要做的是,从大气层里积极地清除温室气体。这就是第三种能减轻气候变化影响的可能——积极地用科学方法降低温室气体水平。

欲实现第三种方法,最直截了当的是,将温室气体控制住并关闭起来。这是树的工作,但遗憾的是,用植树计划帮我们解决短期和中期气候变化实在太慢。此外,树木也存在自身问题——它们终会死亡、腐烂，将大量的碳送返至大气。

我们已能将发电站排放的废气中的碳完全清除，或许，今后的我们能在更小型的有排放需求的机器上达成碳清除，比如在汽车引擎上安装清除碳排放的设备。我们收集二氧化碳时，通常是将其导入溶剂中固定，然后将溶液带到其他能长期储存的地方进行贮藏。理论上，人类可以将二氧化碳注入深海，但二氧化碳仍会慢慢地从海水里逃逸。此外，这样做还会加剧海水酸化，置珊瑚和其他海洋生物于危险。

另外，还有一些其他可行的办法，比如将二氧化碳灌注到地下裂缝或者废弃的油田。二氧化碳比空气重，只要封存得当，这一温室气体能被封印上千年的时间。

无论是捕获汽车尾气、家用锅炉，还是发电站排放的碳，都存在一个相同的问题——捕获过程所涉及的步骤或许会非常耗能。可行的方法是，将废气通过某种溶剂，溶剂与废气中的二氧化碳发生反应以将二氧化碳留在溶液中。此后，我们可能需要将溶剂作直接处理，但这个过程既浪费又危险。如换种思路，将二氧化碳从溶液中提取出来再加以储存，显然更加消耗能量。

加州大学洛杉矶分校的科学家们对汽车尾气非常熟悉，他们一直从事着新型碳捕获材料的研发。他们研究出了沸石咪唑酯骨架结构材料，它是一种由小晶体组合而成的多孔晶体材料，就像是为二氧化碳特制的圈套。材料的晶体中具有气孔，能让二氧化碳分子很容易地"溜"进去，然后，二氧化碳很难再逃逸出来。因为二氧化碳并未经过化学反应，所以我们能通过简单地降低气压的方式，将其从晶体中提取。这样，晶体也能恢复原状并循环利用。加州大学洛杉矶分校的研究小组希望，在1~2年时间内，他们能在发电厂内对该晶体进行测试。

还有人正在努力寻求方法，欲从大气中回收碳以有效降低温室气体水平。目前有一种技术，能利用太阳能使二氧化碳和氢气发生反应，生成碳氢化合物，碳氢化合物是燃料用油、天然气等物质的基本成分。采用此类碳循环，可有效降低大气碳含量。

以上述及的都是可直接采用的科学方法，还有其他一些方法更令人吃惊。人们提出了很多建议，我们选取其中三个进行阐述。

第一个建议，认为我们不应再饲养牛羊，而应饲养袋鼠。究其原因，反刍动物、食草类哺乳动物是全球变暖的主要因素。诸如牛这样的动物，进食后会打嗝并吐出大量甲烷。虽然我们对甲烷的了解不如二氧化碳那样透彻，但我们非常明白，甲烷也是一种强大的温室气体，它产生的温室效应可达二氧化碳的 23 倍。全世界范围内，此类牲畜输出的温室气体总量占所有温室气体排放总量的 18%（按效应计算而得的比例），此效应比例超过了所有交通排放量的效应总和。相比起来，袋鼠则完全不同——它们不会打嗝并喷出甲烷。

除了将现有牛、羊等牧场转变为袋鼠饲养场之外，还有更可行的方法，就是对袋鼠和牛羊之间的区别进行研究。袋鼠胃中存在一种独特菌群，这一菌群可分解胃中的植物纤维。牛和羊胃中的菌群，在生命活动中会排出温室气体，但袋鼠体内的菌群却并无此现象。一直以来大家都知道，若在牛羊的饮食中添加更多三叶草，可在一定程度上抑制甲烷产生。另一方面，人们也正通过采用疫苗的方式努力对抗此类菌群，有人甚至尝试将牛胃中的菌群转换为袋鼠胃中的菌群。

第二个建议，在海洋上播撒铁屑。这一方法只在小范围内进行过试验。此方法能催生海洋生长出更多藻类，藻类可从大气中吸收二氧化碳以帮助自己的细胞生长（藻类并不会在死后沉入海底时，再将二氧化碳释放出来）。只要海藻的量足够大，就能将温室气体浓度显著降低，但我们不知道的是，若真将如此多的铁倾倒入海洋，会对其他生物造成何种影响？海藻猛增对海洋生态又会产生何种影响？我们甚至不知道，到底需要多少铁才能达成催生藻类的效果。

第三个建议，也许很科幻，但它却真正得到过某些地区的认真考虑。这一建议认为，人类必须承认自己对温室气体水平的变化无计可施，故而我们须采取措施以减少能使地球升温的自然能量，通过这样的手段抵消温室气体带来的全球变暖现象。地球最主要的热源正是太阳，所以，我们为什么不在阳光抵达地球之前就将其部分阻挡？

欲实现该想法，我们需要在太空中放置一块巨大屏障，将地球的一部分笼罩在阴影里，这样可立刻减少到达地球的太阳热能。这一方案具有逻辑合理性，但实现它所需的成本以及所需工程复杂度却超出人们想象。美国华盛顿卡内基科学研究所（Carnegie Institution for Science）的肯·卡尔代拉（Ken Caldeira）针对这种太阳屏障作过建模模拟。他说，"我们可以相信，在进行这一工程的建设中，我们将遇到的麻烦远大于我们正试图去解决的麻烦。所以，我们必须清楚地理解如今所处的乱局——预估我们工作的总时间还有多久？预估我们解决这个问题的实际工作时间需要多久？我们还需要了解，如果我们试图通过改变气候结构以规避一些恶劣后果，地球或许会发生哪些新的变化？这些问题非常重要。"

科学家们正提出各种想法，以尝试扭转环境局势，阻止全球变暖继续推进，但这一过程也确实令人心惊胆战。我们早已见证了，人类多么擅长于将环境弄得一团糟；我们非常清楚，在人类与大自然的游戏中，我们曾是多么的失败。举个例子，我们从某个国家引进某种害虫的天敌，害虫的天敌由于不受自然环境的束缚会肆无忌惮地繁衍扩张。一段时间后，由于群体的突然扩张，失去束缚的动物将开始捕食它们从未垂涎过的猎物。此后，整个生态系统将失去平衡。

同样地，人们也非常担心气候变化发生逆转，比如"全球变冷"这样的反向气候变化。此外，还存在另一种微妙且危险的状况——在我们还未得出任何可行的解决气候变化的科学方案前，若过多关注于那些也许能实现的科学方案，势必会降低大家对温室气体排放减少的关注。因为，我们会认为："反正，我们早晚能解决这个问题。"

多数人认为，人类不应等到一切都变得严重之后才开始小规模地测试各种"地球工程"方法，如不提前做好准备，我们没法评估气候变化中暗藏的风险。事实上，我们本可通过某些测试以更好地了解各种方式的可行性，但这些测试却遭到了环境组织的强烈反对，他们担心这些测试会对当地的生态系统造成影响。我们必须承认，我们没法完全保护每一方土地，守护每一个生灵，一旦我们想为逆转气候变化做出某些工作，势必会出现一些短期的牺牲。

再一次，我们见证了解决全球问题有多难，我们所采取的任何行动都会在一定程度上对当地产生影响。这就是老生常谈的矛盾，"着眼于全球，着手于当地"。我们应采用着手于当地的方式去解决气候变化这样的全球性问题，重点解决当地发生的变化而非全球性变化。没人能真正做成地球降温的工程，任何一项"地球工程"都可能会令某些地方降温多、某些地方降温少——降温多的地区气候或许会转好，降温少的地区可能会面临干旱。

不同地区经受不同影响，差点引发了国际争端。2005年底，俄罗斯科学家尤利·伊兹拉尔（Yuri Izrael）曾试图说服俄罗斯政府，让政府试着向大气层释放约60万吨硫粒子。其效应等同于大型火山爆发会导致的结果，释放至大气中的硫粒子将形成漫天灰烬遮蔽阳光，进而达到全球温度下降的目的。但这样的做法显然无法保证不会给地球上的某些地方带来旱灾。

这样的操作只被当作一场实验失误吗？未必！联合国有明确公约规定，禁止将环境改造技术应用于军事（或其他不友好）目的。在越战中，美国曾希望通过种子降雨，人为制造难以穿越的地形地势。此后，这条禁令被增列入公约。伊兹拉尔提出"用粒子形成漫天灰烬制造遮挡太阳的屏障"，这样的行为一旦引发旱灾或衍生出其他危害生命的气候环境，将有较大概率被认定为侵略，尤其是其影响蔓延到了其他国家（尽管问题的根源很难确定）。显然，任何以非减排的方式摆脱气候变化问题都显得困难重重。

所有，任何能减少我们危害地球的有效举措，都非常伟大。然而，也许第一个假设才是正确的：我们不需要做任何事，因为这些建模都是错误。但我的态度很悲观——即便西方国家在一夜间达成了碳平衡，中国和印度那样的经济蓬勃发展的国家也很难达成。事实上，这些国家也很关心排放上限的问题，但他们或许会更关注于自身的崛起，待他们追上了西方国家再按照西方国家的标准设置相同排放限制。

还有一个问题：几乎所有解决气候变化的方案都需长期投资，但我们的整体政治体系就不支持这样的长期投资。政客们都想找到快速解决问题的办法，且投资的回报必须物超所值。但解决气候变化的投资却不是这么回事。

比如，我们之前提过核聚变——它虽然需要大量投资，但能帮助我们生产极低排量的电能，且不需依赖于稀有金属，也不会产生传统裂变反应堆产生的大量放射性废弃物。但是，全世界只有一个新兴的聚变反应堆实验计划。你也许会理所当然地认为，美国才是这项研究的领头人，但实际上，美国连一个实验性聚变反应堆都未曾拥有，甚至还减少了 ITER 的拨款。

这样的"短期主义"，导致了从政策上为降低气候变化影响而采取的措施均微不足道且为时已晚。虽然这些措施也能缓解气候变化的影响（如果仅缓解一丁点也算数），但我仍然认为，对于世界大部分地区都将面临灾难降临这一事务上，在火烧眉毛之前，我们不会见到任何有效措施付诸实际。

这非常令人绝望。我非常希望情况能有所改变，然而并没有。环保运动志愿者们四处奔走，肆意散播厄运预言。我客观地认为，我们应尽可能地设想，如何减缓气候变化给人类和城市带来的影响。因为在情况未变得极度糟糕之前，人类通常很难做出改变自己生活和生产方式的决定。

气候持续变化着，但人们未曾意识到：气候变化关乎的可不仅是地球的命运。环保宣传资料总是指责，人类让地球处于险境。但事实上，我们的任何行动都未威胁到地球，因为在面对这些现象时，地球总能泰然自若。也许，我们只是将地球变得暂时不适宜寄居其上的生物（包括人类自己）居住罢了。对地球自身而言，这或许只是区区小事——至少，细菌仍会在地球上繁荣生长。

我们通常以为，人类是世界的主宰，但细菌这类生物在地球上的存在的时间远超人类，也更能适应差异较大的环境。下一章，我们将带你看看，人类以及科学在与这些微小生物相处时，有多么地不融洽。细菌，或许是给人类带来灾难的根源。

5　极端生物灾难

> 然而，无论生活变得有多安全、多规范，细菌、原生生物、病毒、受感染的跳蚤、虱子、蜱、蚊子、臭虫等等，总是在暗处潜伏，在人们疏忽、贫穷、饥荒或因战争摧毁防御的时候，它们准备随时突袭。
>
> ——汉斯·辛瑟尔（Hans Zinsser, 1878—1940）
> 《老鼠、虱子和历史》（*Rats, Lice, and History*, 1934）

2002年末，亚洲地区爆发了一场医疗恐慌，并蔓延至全世界。当时，一种名为"重症急性呼吸综合征（SARS）"的新型疾病让人们以为人类似乎即将灭亡。几个月内，中国及其周边地区就出现了几千病例。让人始料未及的是，这一疾病甚至还跟随空中交通，蔓延到了旧金山、多伦多等西方城市。

事实上，SARS还是相对容易控制的疾病。2009年4月，在墨西哥出现了一种更为令人忧心的疫病——猪流感。这也是一种呼吸道疾病，由猪畜传染给人类，它由一种名为H1N1的流感病毒引起。H1N1指的是突出病毒表面的蛋白质，病毒正是依靠这些蛋白质实现在宿主细胞上的附着，H指血凝素，N指神经氨酸酶。这两种蛋白能产生不同变体，病毒因此附着到病人体内的不同宿主细胞上。H1病毒多附着于上呼吸道，使其更易通过咳嗽和打喷嚏的方式进行传播。不过，H1 病毒所致后果通常不如 H5 病毒（如禽流感）严重，因为 H5 病毒多附着于人的肺部，从而引发肺炎。

2009 年爆发的猪流感与每年致千例以上死亡的普通季节性流感存在关联。但由于基因变异，预防猪流感时我们需要接种不同的疫苗。2009 年 6 月 11 日，世界卫生组织声明，猪流感为流行病，并将其置于世卫组织警报体系中的最高级别——第六级。这意味着，猪流感已经在一个区域内的至少两个国家（世卫组织将世界划分为六个区域，大部分与大陆对应，但非全部）和另一个地区的一个国家内持续爆发。一种疾病一旦被定义了流行病，就意味着它能蔓延至世界的各个地区，甚至失去控制。

至本书写作时，全球已有 700 多人死于猪流感，有 100 多万美国人感染了猪流感。至 2009 年 9 月，猪流感病例数量有所下降，但北半球国家进入冬天，流感又开始盛行，病例数量具有快速回升的趋势。猪流感的可怕处在它的流行性，它能蔓延至世界各处的趋势无可阻挡。幸运的是，与之前发生过的 H1N1 流感相比，猪流感是一种相对温和的变异病毒。1918 年的西班牙流感大流行曾感染了世界 40% 的人口，并造成了超过 5 000 万人死亡。

类似流感这样的病毒，是自然界的一种大规模杀伤性武器。一般而言，生物武器指的是那些具有危险活性成分的传染性微生物，或者带有这些微生物所产生的毒素的武器。生物武器具有相当大的破坏能力，据估计，在"9·11"事件的后续袭击中，有 60 磅炭疽热病毒曾被投入使用，其造成的死亡人数达到 30 000～100 000 人，或许与第二次世界大战结束时投下的核弹造成的死亡人数相当。

尽管多数国家都规定，制造生物武器属违法行为，但无论是出于医疗目的或是出于研发防御生物武器的目的，都不会妨碍人类对致命细菌、病毒及其制剂展开的研究。那些开展研究的实验室，确有概率有意或无意地释放出某种致命的病毒制剂，如流感，使其传播到世界各地。

故而，用生物制剂作为武器并不鲜见。这里，在探索生物武器这类阴险的大规模毁灭性武器之前，我们首先了解一下另一种制剂，它的自行播散能力虽然没有生物制剂那么强，但它同样会找准生物体的弱点而发挥作用。这些制剂，正是20世纪前半叶曾被大量使用过的化学武器。

某种程度上，所有武器都会干扰人体正常的新陈代谢功能——子弹或刀，粗暴地在人体肌体上戳出孔洞；生化武器会以更间接更可怕的方式干扰身体的正常功能。大概是因其斩尽杀绝、风卷残云的杀伤力，毒剂成为了第一个被真正部署至战场的大规模杀伤性武器。

早在20世纪之前，就有人使用气体进行过投毒。在达·芬奇的年代，有人曾提议将毒气作为一种武器进行使用，但并未将之真正运用于战争。据说，在1899年的《海牙公约》中，这样的战斗方式就遭到了禁止。参照绅士的行为准则，这一份公约制约着人类自相残杀的手段。然而，第一次世界大战爆发后，人们很快明白过来，这场战斗完全不绅士。如使用毒气战剂能使战壕里的苦战胜率更大一些，那么，双方都乐于使用。

有人或许想力辩（也确实有人辩论过），使用毒气战剂和使用其他武器并无本质区别。热衷于毒气战剂（毒剂）的人认为，毒剂只是让敌人丧失能力或杀死敌人的另一种方式，毒剂还可用作迫使敌人转移的手段，还能避免大规模的重大伤亡。这样的说法，当然是为毒剂在第一次世界大战中的使用作辩解。在私下，交战双方的许多军事人员都对这种悄无声息且令人毛骨悚然的杀人武器感到厌恶，一位德国军官在回顾自己军队早期使用毒气的情况时说："毒死敌人如同毒死老鼠，任何正直的军人，对此都会反感……"在军事上，这样的行为相当于背后捅刀，而非正面较量。

的确，枪炮和炸药会对人体产生可怕影响，这些武器虽然不能每次都命中预定目标，但它们的杀伤力具有定向性。毒剂则不同，一旦释放，将完全交由一些偶然的因素操控，如天气、地形等。毒剂会肆意地飘散、弥漫、翻滚，最终随机地向四处扩散。此外，一颗子弹只会杀死一人，一枚炮弹也许会杀死数十人，普通的炸弹也许会杀死数百人，毒气能轻易地实现数千人的大屠杀。

第一次世界大战，似乎是为了表达对毒气使用的排斥，曾发生过一起意外死亡事件。克拉拉·哈伯（Clara Haber）是化学家、毒剂战先驱弗里茨·哈伯（Fritz Haber）之妻，她于1915年5月自杀身亡。尽管她并未留下任何遗言，但所有证据均表明，她因厌恶自己丈夫的工作而自杀。然而，她的死亡并不曾让自己丈夫的毒剂战计划有所停滞。

克拉拉自杀也许是为了回应哈伯首次在战场上使用毒剂并取胜的消息。这次毒剂事件发生在比利时伊普尔（Ypres）附近，在所有一战参战战士的家人心中，这个地名一直刻骨铭心。母语为英语的军队称这一地点为"Wipers（绝灭之境）"。作为法国军队一分子的阿尔及利亚（Algeria）士兵们，隐蔽在对抗德国军队的几排战壕中，在缓慢又痛苦的进攻与撤退中，军队遭到围困，这场战役成为了那场战争中可怕的泥泞战的典型代表。

1915年4月22日，一场炮击之后，一片怪异的黄绿色马不停蹄地向敌方战地翻涌。当时的阿尔及利亚人并未意识到危险，仍视其为正常情况。几分钟后，尘埃继续向前翻涌，席卷而下，进入了一个又一个战壕，将战士们逼近死亡边缘。大片的黄绿色尘雾正是氯气。沿着德国前线，这些氯气从6 000个排列成行的气罐中被同时释放，由风带到了法国的战壕。

只要使用过化学药品清理游泳池的人，都应当熟悉那种鼻腔灼烧、喉咙发痒的感受，这是氯气刚侵入人体时的典型表现。然而，参照当时战场上的氯气浓度，其侵入人体时所产生的症状则完全不同。士兵的眼睛和嘴被烧伤，一阵剧烈的咳嗽让他们的身体颤抖不止。他们肺部脆弱的黏膜被烧损，液体渗出体外——他们口吐白沫，窒息而亡。尽管死于毒剂的人数还存有争议，但肯定超过了1 000人。

毒剂的攻击威力，不仅在于它可以致死，更在于它营造的恐怖气氛。第一次世界大战之后不久，丘吉尔曾慷慨地强调了毒剂的上述特点。他说:"我不理解,为何有人会反感毒剂的使用。"他非常赞同这种"散播鲜活恐惧感"的做法,但当时的大多数其他人持反对观点。丘吉尔认为,"将军难免战死疆场,而他们的战友很难避开在战死尸体旁作战而全员战死。毒剂攻击却不同,那些幸存下来的人会逃跑离开。毒剂虽然能让士兵伤残,也能驱赶军队中未发生伤残的士兵。"后来,在第一次化学战之后,一名德国士兵曾说,"他们可以直接将武器夹在腋下四处行走而无须警戒,就像在狩猎游戏中闲逛。"

毒剂能在不杀死敌人或不大面积杀死敌人的情况下获得胜利,一些人正是基于此观点而坚持认为,相比其他形式的攻击,化学武器更人道。只要有足够数量的士兵逃脱,或足够数量的士兵得到防毒面具,死亡人数相对较少,同时还达到了决定战争胜负的目的。有人认为,这种方式一箭双雕,没有直接杀戮那般残忍,敌人还需花费更多资源以照顾伤员。但是,真正经历过毒剂战的人,绝不会同意这种观点。

德国已经违反了《海牙公约》,协约国也于几个月后开始使用毒剂。氯气虽然具有毁灭性,但却只是化学家介入战争的开端。随着越来越多的军队配备防毒面罩,双方的科学家开始努力研究如何使敌人尽可能地暴露于毒气中。他们在毒剂罐中混入其他物质,欲使士兵的皮肤瘙痒,或者诱发人体打喷嚏,迫使士兵摘下面罩。

虽然氯气的毒性效应很好,但其颜色太明显,且在初期就能令人眼鼻产生灼烧感,这在很大程度上会使士兵提高警惕。在第一次毒剂袭击后不久,哈伯的德国科学家们又为前线带来了另一种化学毒剂——光气。光气的基础原料仍是氯气,相比这一基础原料,光气分子的结构稍微复杂一些,它是一氧化碳与氯气的化合物——碳酰氯。光气无色,虽然它的气味可被察觉,但味道极佳,如同新割的干草味。这样的气味在农村很普遍,所以用光气实施袭击时,隐蔽性更高。此外,光气还具有蓄积效应。在人体内,光气会阻止蛋白质把氧气带进肺泡以供人体吸收,从而使人窒息死亡。光气可以在人体内不断蓄积,直至达到足以致命的剂量。

紧随光气之后进入战场的是更复杂、更可怕的芥子气（由碳、氢、氯、硫构成的化合物）。1917年，德国人在战场上使用了芥子气。与之前的几种毒剂不同，芥子气在短时内不易挥发，故而可使战场在几周甚至几个月内残留有毒剂沾染。究其原因，芥子气是一种液体，可以像工业除草剂那样喷洒于战场。它毒性剧烈，一旦沾染于人体皮肤，就可导致表皮及皮下产生严重的水疱，形成致命伤害。

接触芥子气后的数小时内，人体可能并不会表现出异常。故在不知不觉中，该毒剂可以容易地在体内蓄积至使人虚弱甚至致命的剂量。德国人曾在战场上大量使用芥子气。该毒剂第一次出现在战场上时，德国人在短短十天时间就部署了超过一百万个装满芥子气的炮弹。近代的数次战争（如20世纪80年代的两伊战争）也曾有人使用了芥子气。

在较长时间内，尽管协约国在毒剂使用方面落后于德国，但在开发新毒剂方面的进展却并不缓慢。至1918年，协约国已准备好使用化学武器进行大规模的反击。而至第一次世界大战结束，协约国才停止了毒剂攻击。美国研究人员温福德·李·路易斯（Winford Lee Lewis）甚至还制造出了新一代的化学战剂，威力超过德国军队所制造的所有化学武器。这种战剂被称为"路易氏剂（Lewisite）"，好在这种战剂并未因一时激愤而投入使用。

路易氏剂是碳、氢、砷、氯的化合物，袭击效果类似芥子气，但威力更大。路易氏剂能攻击人体组织产生可怕的水疱，同时，它一旦与皮肤接触就能引起中毒，根本无须受害者将其吸入体内。此外，极低浓度的路易氏剂也能使人迅速致死。

要实现毒剂气体在战场条件下的受控扩散非常困难，同时，国际上又有了更强力的公约禁止化学武器使用。因此，在之后的战争中，化学武器未曾再如第一次世界大战那么至关重要。后来，弗里茨·哈伯又研制出了另一种更加阴险的毒剂——齐克隆B（Zyklon B）。在有限的空间内，齐克隆霰弹筒能释放出致命的氰化氢气体，数秒时间使人毙命。由于氰化物气体在户外的扩散速度快，故其不适合用于战场，但在室内的杀伤力效果很好。纳粹集中营在毒气室中就使用了齐克隆 B，其造成的结局触目惊心。

最现代的化学战剂是神经毒剂，通常分为吸入类（作用时间不长，如沙林）及皮肤接触类（沾染后的作用时间长，如 VX 神经毒剂）。与许多化学制剂一样，大多数神经毒剂为液体，以气溶胶小液滴的形式扩散。

大多数通过呼吸道侵入人体的神经毒剂被划归为 G 系列，这一系列指的是德国科学家在 20 世纪 30 年代后期研制的毒剂。与皮肤接触发挥作用的神经毒剂被划归 V 系列，由英国科学家在 20 世纪 50 年代研制成功，其开发正是基于科学家所观察到的有机磷农药致哺乳动物中毒的作用。这些毒剂被称为神经毒气或神经毒剂，它们会扰乱生物体神经系统阻断神经信号传递到身体的各个器官，于是，生物机体无法控制呼吸器官进而导致生物体死亡。实际上，神经毒剂切断了生物体内的通信线路。

作为杀伤性武器，神经毒剂已相当成熟且多数人有耳闻，但这些毒剂在战场上的使用却很少。德国人在第二次世界大战期间制造了大量的 G 系列毒剂，甚至生产了装填有 G 系列毒剂的炮弹，但并未在战争中进行部署。英国在 20 世纪 50 年代开发出了更强大的 V 系列毒剂，但又迅速单方面放弃了化学武器（包括神经毒剂），紧随其后，其他国家也放弃了化学武器。不过，在后期战争中，神经毒剂有了应用：在两伊战争中，伊拉克使用了少量的 G 系列神经毒剂塔崩（Tabun，也称 GA）。而最广为人知的神经毒剂事件，是 1995 年东京地铁上发生的恐怖袭击，那次事件中，恐怖分子使用了沙林（也称 GB）。

1995 年 3 月 20 日，交通早高峰时段，日本邪教奥姆真理教（Aum Shinrikyo）的 5 名教徒携带了装有不足 1 品脱（0.57 升）沙林液体的塑料袋，进入了东京地铁系统。他们将这些袋子放置于地铁车厢内，再用锋利的雨伞尖将袋子刺穿后离开。随地铁移动，车厢内的沙林散布在地铁和隧道中。

通过此种方式散播神经毒剂，其实并不能取得很好的效果。与V系列毒剂不同，沙林必须被受害者吸入体内才会产生毒效应。5条地铁线路分别受到袭击，最终致12人死亡，5 000多人被送往医院，其中只有大约50人严重中毒，20%的人只是轻微中毒。

此次事件之前一年，奥姆真理教教徒在松本市也曾制造过恐怖袭击事件，造成8人死亡。这些事件说明了与化学武器相关的很多问题——一个拥有足够资源的恐怖组织完全有能力制造化学武器；虽然神经毒剂能造成巨大的破坏和痛苦，但通过临时手段散播此类毒剂造成的影响却较小。

顺便说一下，奥姆真理教的行动告诉我们，经费问题不会阻碍恐怖分子获得大规模杀伤性武器。奥姆真理教的金库有大量现金，一些人估计他们的资产可达20亿美元。尽管携带毒剂的方式较为随意，但在地铁上使用神经毒剂展开袭击却不便宜。这个邪教组织在澳大利亚组建了一个实验室，开发神经毒剂并进行测试（主要用绵羊进行试验）。据报道，仅是将实验设备运送到澳大利亚而产生的超重行李费用就使该组织的开销高达30万美元。该组织还曾试图购买苏联淘汰的核武器，但未成功。

目前，恐怖分子的化学武器产生的影响还相对较小，但这并不影响他们继续使用化学毒剂。同时，这也不意味着化学毒剂不会产生致命攻击。如果某种气溶胶系统能将神经毒剂引入大型办公楼的空调系统，其后果非常危险。

在恐怖主义成为美国大陆的重大问题之前，人们就已意识到，恐怖分子使用化学毒剂的可能。1989年，时任美国国务卿乔治·舒尔茨（George Shultz）说："恐怖分子获得化学武器对国际社会构成的威胁越来越大，化学武器在技术上的障碍对他们已不是问题。"

即便如此，事实证明，化学武器较少成为恐怖分子和流氓国家的选择。无论化学武器有多可怕、多危险，但仍次于生物武器。虽然化学武器释放后存在扩散随机性，但仍能在控制在一个范围内以确保其作用于军事战场。生物武器却有大范围扩散的可能，从长远来看，生物武器对平民造成的伤害甚至大于对军队的伤害，这让恐怖分子对生物武器青睐有加。

对于被烈性生物毒剂感染的后果，我们会有一种自然的恐惧。在百姓记忆中可以找到这样的恐惧，那就是瘟疫。它一直潜藏在我们共同的回忆里，令我们回想起过去那段阴暗时光。一谈到瘟疫带来的皮疹，就想起了以前小孩子们的童谣："手拉手，转圈圈。阿嚏！阿嚏！我们都倒下了（死了）。"（虽然有人对童谣与瘟疫间是否具有事实关联仍持怀疑态度，但这种情感上的关联却依然存在。）

细想广岛和长崎所经历过的巨大伤亡时，我们会很容易地联想起1346—1350年的欧洲的黑死病（很可能是腺鼠疫）曾导致欧洲1/3的人口死亡（每3人有1人死亡）。环顾繁忙的办公室或是繁华的街道，试想，假如这一切就发生在眼下，每3个人有1个人死亡，哪怕仅发生在美国也会导致死亡人数达到9 000万。由此可见，生物灾难能给人类留下如何深刻的心灵创伤。

很久以前，生物材料就开始被人类当作武器使用，只是形式较为简陋。古代，用动物或者人类腐烂的尸体污染敌人水井而致水井无法使用的做法很常见。到了中世纪，有一些生物武器的使用方式则更为直接。

费奥多西亚（Feodosia）是克里米亚共和国（Crimea）的一个小镇。14世纪，这里是意大利的一个前哨，是意大利热那亚（Genoa）和克里米亚进行交易的贸易中心。1346年，这座小镇的城墙被鞑靼军队（Tatar army）包围。小镇居民认为外来者都是侵略者，必须将侵略者驱逐。不过，机不逢时，这一驱逐行动恰逢黑死病的始发。很快，瘟疫肆虐，士兵倒下，围攻的军队被削弱。但鞑靼人并未因此撤退，反而将自己经受的瘟疫转变为了优势。

鞑靼人将尸体从城墙上方弹射至费奥多西亚。这种做法令人闻风丧胆、毛骨悚然，故而引起了当地居民的恐慌。但他们的实际意图远不止于此——这些尸体均染有瘟疫。不久，黑死病就在这一武装完备的小镇中爆发。幸存的意大利人撤离了贸易站，回到了意大利，将费奥多西亚留给了鞑靼人。小镇上的意大利人成为了当时这种简陋生物武器的受害者。

从14世纪开始直至美国独立战争爆发，从利用患病的尸体到利用满是天花病毒的毯子，生物武器通常以这样的方式被使用。时至现代，人类已很少使用生物武器了——其一，生物武器的影响难以控制；其二，害怕报复。在简陋生物武器使用史上，最夸张的一次是第二次世界大战日本军队展开过的行动——他们从战机上向中国东北扔下了装着数百万跳蚤的陶瓷容器，而容器里的跳蚤携带着鼠疫病毒。

此外，还有一个颇具争议的第二次世界大战里的案例，说明了由细菌制作的生物武器在战场上的使用难度极大。1942年，德国准备在俄罗斯前线发动坦克袭击，但一场图拉热病（也称兔热病）爆发，让他们放弃了这次行动。虽然疫情初期主要爆发于德国军队内部，但随后蔓延到了俄国，感染了上千人，包括士兵和平民。尽管没有确凿证据表明这次爆发是人为，但正如俄罗斯生物武器专家肯·阿利别克所相信的那样，这次事件说明了在战场上使用生物武器易让交战双方都受到伤害。

尽管生物武器在疾病传播控制方面存在难度，人们仍未停止生产以及向四处运送生物武器。这样，疾病的传染力大大增强，远超通过带病尸体或跳蚤那样原始手段的传染力。即便传播控制存在难度，但这种生物武器依然受到恐怖组织青睐。他们认为，生物毒剂这类无法控制的特质所引起的恐慌并非缺点，反而是一种优势。

1942年，俄国人或许就曾使用过生物武器。我们知道，英国和加拿大在1940年开始研究生物武器，美国在1943年开始了此类研究计划，主因是他们怀疑德国人有较大可能在军械库中加入了生物战剂。

当时美国还成立了一个组织，致力于武器研究，他们低调地称其为"战争研究服务所"（War Research Service）并对其行动保密，这一组织的中央基地位于马里兰州（Maryland）弗雷德里克（Frederick）的德特里克营（Camp Detrick），他们研究瘟疫类、斑疹伤寒等常见致命性传染病，且尤其关注炭疽病。德特里克生产了数千磅的生物炸弹，但在第二次世界大战期间并未投入使用。

第二次世界大战后，美国时任国务卿亨利·史汀森（Henry Stimson）称生物武器为"龌龊的勾当"，一些人也曾希望美国能废除自己所拥有的生物武器战斗力。然而，日本却探索出了先进的生物武器，直接导致了一系列生物武器的发展。与核武器一样，研发生物武器的目的同样是为了保证自己能领先敌人。直至1969年，迫于公众压力以及军方自身对生物武器战场上实用性的疑虑，美国终于在理查德·尼克松总统（President Richard Nixon）的领导下放弃了生物战计划。

要了解生物武器能做什么，我们首先要了解生物战剂的不同种类。比如，大多数人都明白细菌感染与病毒感染不同，细菌感染通常对抗生素有反应，病毒感染则不会。因此，生物武器就有了细菌类与病毒类，再加上真菌类以及立克次氏体（rickettsia）类。人们可能对立克次氏体不太熟悉，这种微生物介于细菌和病毒之间，经常出现在跳蚤和壁虱身上，可致斑疹伤寒等疾病。斑疹伤寒不同于普通伤寒，普通伤寒由细菌感染引起。

在我们听说过的生物战剂中，最可怕的恐怕就数炭疽了。"炭疽"最初的意思是"痈"，或疔疮，是一种细菌感染引发的症状。它最开始是一种家畜疾病，很早以前就有这种病症的相关记载。炭疽病可以通过消化道或皮肤进行感染，但作为生物武器，炭疽主要通过孢子传播。一旦受害者吸入炭疽杆菌孢子，就有可能引起感染。炭疽病一旦发病，死亡率可达90%~95%。

感染炭疽的病人，起始症状与感冒类似——鼻塞、咳嗽、关节疼痛。一旦症状变得明显（常在感染以后一天左右），再进行治疗则为时已晚。尽管症状消退很快，但细菌会通过淋巴液在体内横行霸道，传播毒素，影响所有器官，尤其是充满液体的肺。然后，病人皮肤会呈淡蓝色，其呼吸运动引起剧烈疼痛，最后痉挛窒息而死。

炭疽是军队首选的生物武器之一，因为炭疽不会在人与人之间传播

（尽管尸体上产生的细菌孢子具有传染能力）。炭疽的传播通过孢子被吸入人体而实现，因此炭疽比其他传染病更易控制，更适用于军事行动。

炭疽对军队的另一个好处则是其生产的简易性。炭疽能以干燥粉末的状态储存多年而不失去效力，价格低廉，易于以气溶胶的形式进行扩散（或像2001年的炭疽袭击那样，将细菌做成粉末装在信封里）。炭疽病的持续时间长，能有效地使一片区域受到污染而无法供人类使用。1942年，英国军队曾在苏格兰附近的格鲁纳德岛（Gruinard Island）测试炭疽武器，经过了接近50年的时间，那座岛才完全清除了炭疽污染。

生物武器还有许多其他类型，比如，埃博拉热（Ebola fever）病毒、蓖麻毒素（一种毒性极强的天然毒素）。蓖麻毒素是从蓖麻豆植物中提取而得，此毒素只需极少的剂量（半粒沙子大小）即可致命，但它作为生物武器的实用性却不强。

20世纪，能致瘟疫的病原体和天花被频繁地加入各个生物战剂库，同时，俄罗斯人还试验了艾滋病和军团病的病原体（军团病病原体有能力通过空调系统进行传播）。但实际上，俄罗斯人测试的这两种病原体都无法形成稳定的攻击形态，不适合作为战场武器使用。他们试图使用艾滋病毒是因为艾滋病易于在战场上引起恐慌，但艾滋病也同样不适合用作战场武器，它的潜伏期太长。恐怖分子偏爱于另一种生物危害风险更低的疾病——口蹄疫。

口蹄疫原本是一种偶蹄类动物疾病。它可以感染人类，但感染结局只是轻微发烧和出现少量水泡等症状，对人类的危害并不严重。然而，我们以2001年曾爆发于英国的疫情为例，会发现口蹄疫具有极强的传染性，能对家畜饲养管理造成较大危害，还能限制人们自由出行。奇怪的是，历史上，控制口蹄疫传播的理由多出于上层社会人士希望动物的样貌更美观，而非因害怕其病疫感染。

在贵族统治英国的时代，地主们在自己的庄园养一大群漂亮的牛是一种时髦，也是一种视觉资产，就像花园里有一块漂亮的草坪或者一座装饰性建筑。牛很少因感染口蹄疫而死亡，也不会因染病而不能用作食材，但它们却会因染病而毁容——变得不如以前美观。因此，这种疾病虽然相对无害，但地主们仍然采取了严厉的措施以阻止其传播。诚然，口蹄疫会降低牛奶产量，还会导致奶牛不育，但地主所采取的防病措施却比口蹄疫本身所造成的破坏和混乱更大（虽然至今还有人仍在采用那些措施）。不过，现在已有了一种有效的口蹄疫疫苗，口蹄疫也不再成为大问题。

尽管口蹄疫的问题令人头疼，但事实上将这种病毒作为武器的最大动因是制造混乱，而非破坏。制造混乱，正是恐怖分子的目的之一。混乱具有很强的渲染力，许多恐怖威胁制造的混乱（比如在发现有人企图把液体炸弹带上飞机时，安全部门将会严厉镇压）确实直接影响了人们生活中的部分自由。不过，本书的重点依然在世界末日，混乱本身无法达到引起世界末日的程度。

与其他许多大规模杀伤性武器相比，生物武器的制造更容易。通常，只要有了一个菌落，生物战剂就能自发产生——这一过程所涉及的技术难度不高，其复杂度甚至不如商业化厨房设备，只是生产生物战剂时需有适当的装置阻止毒剂逸出伤害工作人员。

恐怖分子要想得到这类致命性的菌落制剂也很容易，只要向生物制剂供应商下订单即可。一个名为"亚利安国"（Aryan Nations）的白人至上主义恐怖组织就曾这样做过。碰巧的是，该组织中有个名为拉里·哈里斯（Larry Harris）的成员，由于性子太急，不断打电话催问供应商自己订购的瘟疫菌落到货时间，引起了供应商的怀疑。然而，他能简单地通过电话订购到瘟疫样本并由联邦快递送达这一事实，让人不寒而栗。

由于生产以及获取生物战剂的便利性，恐怖分子继续青睐这种便利的可能性较大。已有事实证明，这种危险并不仅停留于假想阶段。1972年，有几名"旭日之令"（the Order of the Rising Sun）恐怖组织的成员在芝加哥遭到逮捕。他们带有75磅含有伤寒细菌的培养物，计划用这些培养物污染环五大湖的城市供水。1984年，另一个边缘组织的成员成功地通过俄勒冈州一家餐馆的沙拉自助台传播了伤寒细菌，虽未造成人员死亡，但导致了许多用餐者患病。

一些流氓国家也同样能较容易地生产出生物武器。世界范围内，现用于生产生物制剂的设施数量，远超制造大规模杀伤性高科技武器的设施数量。任何开发或生产无害、急需的抗病毒疫苗的实验室，都能轻而易举地转变为生产生物武器的工厂。

然而，这类武器的制造商必须正面两个关键问题：一是如何将病原体转化为适当的形式以用作武器，二是如何运输这些病原体。在病原体的自然形态中，许多细菌制剂容易因高温、紫外线或仅因存放时间太久遭到破坏。正如俄罗斯的肯·阿利贝克（Ken Alibek）所说："在变得稳定、可控之前，即使是在试管中具有极强效用的致命性培养物也很难作为武器使用。在某种意义上，制造生物战剂的技术更重要，远高于仅研发生物战剂的难度。"

制造技术不仅涉及菌落本身的培养，还包括使战剂便于储存，储存菌落战剂通常采用强风吹干战剂将其做成一种干燥的粉末状材料，然后将战剂粉末与利于贮存的添加剂混合。视情况，还可以把制剂放入微小的聚合物材质的胶囊，以免受到阳光紫外线的伤害。生物武器产业很像食品包装行业，也很像武器贸易业。

接下来就是运输问题了。一旦染上这些细菌、病毒、真菌或立克次体，均有致命风险。如何将这种制剂运输到目的地？如今，我们去市场上买食材，通常会认为"天然的才是最好的"，但对细菌而言，最"天然"的传播方式往往传播速度慢且较难控制。

苏联在生物战备计划的鼎盛时期，在人口数量未知的人群中测试了生物战剂的不同传播方式的效能。他们以诸如苏云金杆菌（Bacillus thuringiensis）这类无害细菌作为模拟物，通过不同的传输方式将其传播至人口稠密地区，以观察这些传输方式的运作情况。被试验的人永远都不知道，他们当时正处于满是病菌的环境，而对病情的监测则以常规体检作为掩护进行。

像炭疽这样能制成粉末状的生物战剂，能较容易地通过空气传播，也可通过容器爆破的方式感染目标人群。但其他的许多生物战剂多为液态形式，这些液体战剂通常会以小液滴的形式散布于空中，由液体转变为气溶胶。

虽然液体细菌战剂可用威力较小（如果炸弹威力太大，会将细菌炸死）的炸弹实现空气传播。但恐怖分子和流氓国家还有更便捷且现成的解决方案——大多数用于播撒农药和其他农用化学品的技术，同样可用于军事行动中的化学或生物攻击，尤其是喷洒农药的飞机，它能在指定区域内喷洒致命的生物战剂。

20 世纪 70 年代，西方国家就已放弃了生物武器，大家以为苏联也是如此计划的。但到了 20 世纪 90 年代，苏联的叛逃者泄露了消息，消息称直至 90 年代初，苏联似乎仍在制造重型生物武器。

据苏联项目前高级主任肯·阿利贝克称，"20 世纪 80 年代，负责苏联大部分生物武器开发的组织'Biopreparat（意为，生物物质制备）'每年都会研制出一种新型生物武器，要么是提高炭疽等病原体对抗生素的抵抗力，要么是将某种全新的病原体制成武器。"

当时的苏联人认为，美国宣称自己放弃了生物武器是在撒谎。他们认为有必要让自己的生物战计划发展至极致，才能领先于其他国家。但实际上，这一切都是他们的假想，这些竞争并不存在。阿利贝克说："我们正与敌人进行一场秘密较量，我们得到的消息是美国人不会停止任何计划。美国人在启动曼哈顿计划研制第一颗原子弹时，也做了保密工作。如今，'Biopreparat'就是我们的曼哈顿计划。"

阿利贝克述及的内容揭示了很多东西。曼哈顿计划是一项庞大的秘密计划，目的是为了生产出能终止战争的武器。该武器是当时的美国用以对抗敌人的最后一张王牌。故苏联统治者产生"要在生物武器方面领先于其他国家，才能拿到一张类似王牌以对抗美国"这样的念头就不足为奇了。

在生物战计划的巅峰时期，苏联还有一类用于携带大量炭疽杆菌的导弹（与装载核弹头的 SS18 导弹相同，为远程多弹头导弹），其所能装载的病原体数量足够毁灭一个等同于纽约那么大的城市。同时，他们还开发了新技术，能实现由巡航导弹释放小型生物战剂弹筒，这更有利于自我隐蔽、瞄准目标，对生物武器的利用效能大大提高。

虽然许多国家都在研究生物武器，但无论出于道德因素还是因为军队对这一技术滥杀无辜的本性不喜，多数国家目前未曾使用过这种恶劣的进攻手段。然而，如伊拉克这样的国家仍在前不久的战场上使用过化学武器，某些国家仍有可能会考虑使用生物战剂作为武器。

原则上，生物武器和化学武器均属《海牙公约》的管制范围，但生物武器政治管制却不如核武器政治管制有效。究其原因，在生物武器问题上，缺少类似核武器的国际检查机制。生物和化学试验比核试验更难被发现；在生物武器协定中，还有许多以"假如"及"除外"而排除在协定以外的疾病预防研究工作，这些工作为生物试验提供了各样的借口。如此，若是生产浓缩铀，它显然只能用于生产核武器；但对病毒和细菌的研究却能披上开发新药的外衣。

在化学武器方面，如我们所见，1899 年发布的《海牙公约》在 1907 年进行了新的严格规范，禁止使用所有"毒药或带毒武器"。但这一公约对第一次世界大战的参战双方均未起任何作用。为阻止化学武器的使用，1997 年又有《化学武器公约》得以颁布，这条公约对大部分国家都已生效（遗漏了朝鲜和叙利亚两个重要国家；以色列签署了该公约，但在本书撰写时尚未正式生效）。与核条约一样，这项条约也有一个驻荷兰海牙的观察团，名为"禁止化学武器公约组织"（OPCW）。同时，这项条约还有一个非常重要的规避条款，用于豁免与化学武器损伤预防相关的研究。针对这点，很多人认为，这一条款或许会发展为为化学武器研发提供庇护。

在生物武器方面，情况更加不乐观。《生物和毒素武器公约》于 1975 年颁布，比化学武器公约更早出现，但遵守这项公约的国家却更少，大部分未签署该公约的国家为非洲国家。这项公约没有监督机构，只是一种意向性声明,一些国家已做好准备公然违背该项公约。此外,多数美国人也抵制签署该公约。美国的生物技术行业一直努力游说,力图不让生物技术也像化学技术那样被类似 OPCW 的条款制约。

同时,美国保留了生物战剂实验室,研究如何检测、抵抗以及反击生物攻击。在 2001 年,这是合情理的,当时的恐怖分子有条件考虑获得并使用生物武器。恐怖分子的炭疽包裹袭击曾导致 5 人死亡,超过 17 人受感染,并造成了一系列麻烦。为防止类似事件再次发生,政府也布置了相应的安全系统,且为之付出了巨大代价。

此外,生物武器似乎并不在"基地"组织这类恐怖团伙的考虑范围之内。他们对生物武器兴趣不大,一方面是他们更喜欢炸弹爆炸的直接效果,另一方面则是因为他们对生物战的厌恶情结。但如果他们突然拿起生物武器,我们也不应太过惊讶。最容易成为攻击目标的,通常是那些空气流通较好、便于生物战剂扩散的地方。

利用空调系统是生物战剂实现高效率扩散的方法之一。空调系统可传播类似军团病的病原体,只要通过恰当的方式将其他病原体放进空调系统中,也能具有同样的传播效果。这种手段还能用于大型客机,只是飞机上的目标人群数量相对受限。更阴险的做法是将诸如炭疽这样的病原体粉末放进地铁系统,地铁运行产生的气流会让这些病原体无控制扩散。

我们的政府机构依然需要对生物攻击的危险性保持警惕。这种人为操控实施的瘟疫,一旦爆发,就会酿成噩梦。不过,相比纳米技术这样的新科技对人类造成的威胁,生物攻击或许得退回次席。

6　灰蛊

> 不同科、不同种、不同变种的微生物,构成了整个微生物世界。关于微生物的历史,世界上已有很多重要的发现与展望,但尚无人将其撰写成书。
>
> ——路易·巴斯德(Louis Pasteur,1822—1895)

本章开篇引用的是巴斯德先生的话,他讲述的内容是自然界中的"微生物"。试想,"假如人类制造出了一种比微生物还小的东西且能实现自我复制,这些单个个体在人的肉眼下不可见,如同细菌一样,这些'纳米机器人'无休止地复制,不加控制地繁殖,最终形成灰蒙蒙的一片,吞没整个世界,毁掉所有物资与能源。"

每个小机器人都能与生物争夺自然资源,还能以疯狂的速度繁殖,听起来这很像科幻小说。对!这就是科幻小说!这是迈克尔·克莱顿(Michael Crichton)的惊悚小说《猎物》(*Prey*)中的故事设定。不过,这类在微观层面进行构建工作的概念(即纳米技术)其实非常现实。医学、工程、防晒霜、陶器釉料……均利用了此类技术。这一技术有极大的潜力,可应用于多个方面。但纳米技术也许会成为科学中最危险的技术之一,有较大可能形成"灰蛊"[灰蛊一词来自埃里克·德雷克斯勒(Eric Drexler)的科幻小说《造物引擎》(*Engines of Creation*)。灰蛊指一种纳米技术机器人,因其不断自我复制而失控,进而消耗掉尽星球上的全部物资,导致星球毁灭。]

纳米机器人太小,肉眼不可见,它们聚集在一起时,看上去如灰色的黏液一般,如同一大片活物一样四处涌动。

巴斯德所在的时代尚未发现微生物。直到1674年,荷兰科学家列文·虎克(Antoni von Leeuwenhoek)才通过一台简易的显微镜看到了他所说的"小动物"——一些颗粒状、斑点状的小东西;它们都有生命,但它们太小,肉眼不能直接观察。随着原子理论走上前台,有观点认为,存在一个不可见、只能通过技术手段进行探测的世界。这一观点渐渐开始成为物理学中的一个重要组成部分,人们开始接受世界上还存在许多微小的事物,它们比我们在日常生活中所见到的物体小很多。

原子的原始概念可追溯到古希腊人,不过说实话,这在当时算是一种失败。当时的主流观点是哲学家恩培多克勒(Empedocles)宣扬的理论,他认为万物皆由四种"元素"(土、气、火、水)组成。从常识的角度看,这种科学观似乎站得住脚——比如,你取一块木头进行燃烧,木头会变成类似泥土的灰烬、热空气与火,还可能出现一些凝结于空气中的水。这四种"元素"也很好地对应了众所周知的物质四态:土为固态、水为液态、气为气态、火为等离子态。等离子态是恒星上的物质以及火焰中最炽热部分的存在状态。

两千年来,人们都将恩培多克勒的理论奉为真理,相比之下,哲学家德谟克里特(Democritus)和他的老师留基伯(Leucippus)所提出的观点则被人们当作一种玄妙的哲学观。人们认为,他的观点并不能反映现实世界。德谟克里特认为,"不断地切割某一样东西至其体积无限小。最终,一定会得到一个小块,无论刀刃多薄也不能再将其继续切割。希腊语称这个无法再继续分割的小块为'a-tomos',即'原子(atom)'"。

德谟克里特所称的"原子"与我们今日所理解的原子完全不同。德谟克里特认为,"每种不同的物体都有其自己的原子类型,比如,奶酪的原子不同于木头的原子。原子的形状决定了物质的性质,比如,火的原子应该很尖锐、锋利，水的原子应该光滑、弯曲。"尽管这一观点早已被世人遗忘，但它却为19世纪初的原子理论埋下了种子。19世纪初，英国科学家约翰·道尔顿（John Dalton）提出了现代原子理论，他认为，"原子是一种极微小的元素粒子，同一种元素的原子或不同元素的原子相互作用组合为分子，分子与分子再结合为我们所看到的各种物质。"

道尔顿的这一理论，构思于他在数十年前为法国科学家安托－劳伦德·拉瓦锡（Antoine-Laurent de Lavoisier）工作的时期。拉瓦锡是个独特的科学家，他最终在法国大革命中被处以死刑，处刑原因出于他包税官的身份而非他的理论学说。拉瓦锡为现代化学奠定了基础，这一学科展示了相同量的不同物质在常规情况下如何结合以形成特定化合物。物质的某种内部结构也许就蕴藏在这种特殊的结合方式中。

但在当时，人们只是勉强接受了有原子这样的微小物体存在。即便到了20世纪初，人们也仍在怀疑原子的存在性。原子理论刚发表时，人们认为，就算此类单个小粒子并非真实存在，也可用这一理论预测物质材料的运作方式，这一理论还有它的用处。后来，爱因斯坦发现花粉粒表现出十分奇特的现象并着手研究，才证实了原子这一形式真实存在。

1827年，苏格兰植物学家罗伯特·布朗（Robert Brown）注意到，用显微镜观察放入水中的花粉粒，能发现它们在"舞动"，仿佛那些花粉是活物。最初，他将这一现象归结于某种生命力，认为是生命力促使这些花粉舞动。但他很快发现，之前已死亡了的花粉样品仍能出现相同的现象。随后，他把金属片、玻璃片这类绝对没有生命的东西磨成细小粉末，放进水里后仍然发现了"舞动"现象。

这一现象虽然有趣，但并未得到太多重视。直到1905年，爱因斯坦发表的3篇论文震惊了科学界。三篇论文中，一篇论文内容有关狭义相对论；一篇论文内容有关光电效应，该理论在之后促成了量子理论的诞生；第三篇论文则有关布朗运动。爱因斯坦指出，"像花粉这样的粉末会发生随机运动是因为粉末所在的水面由几百万个水分子（原子的简单组合）构成，水分子之间相互碰撞导致了漂浮在水面的粉末随机移动。"

1912年，法国物理学家让·佩兰（Jean Perrin）的测量结果成为了支持爱因斯坦理论的决定性依据，直至此时，原子和分子存在的真实性才得以完全证实。1980年，华盛顿大学汉斯·德默尔特（Hans Dehmelt）成功地将单个原子带入了人们的视野，引起了世人的关注。更确切地说，那是钡离子（离子是原子失去或得到电子后形成的带电粒子）。

和第2章中描述的反物质阱一样，离子也被固定在电磁场中。带正电荷的离子在磁场中漂浮，这一方式与磁铁漂浮在其他磁铁上方的方式完全相同。但还得用几个磁场将离子包围起来，以防其飞走。令人难以置信的是，若采用适当颜色的激光对离子进行照射，肉眼将能看到单个钡离子，就像看到漂浮在太空中的光点。

无论是水分子还是人类，所有事物都由原子构成，区别只在于构成不同事物的原子来源于不同元素，或是原子的不同组合方式。一旦我们理解了这点，就能推论出一个骇人听闻的可能性——如有某种方法可操纵单个原子，使人类像孩子堆砌乐高积木那样将原子逐个组合起来，那么在理论上，人类可以用一堆原子组合出任何东西。想象以下情况，拿一支钢笔或一个汉堡包进行分析，确定每一个原子的性质和位置。然后，采用某种技术（是什么技术我们稍后再谈），利用原子原料库，我们应能再复制一支一模一样的钢笔或者一个一模一样的汉堡包。

1912年就已证明了原子的存在，但这并不意味着我们能在现实中对原子进行操作。诚然，在某种意义上，人类很早就开始了原子的操控。我们一直在重新组装物质的原子，不管是简单地将石头磨成斧头，或是熔炼金属做成工具，我们都在以不同的形式对原子和分子进行重新排列组合。只是这种方式太粗糙，并不能像盖楼房那样把原子和分子一个一个有序组装。

即便现在，距爱因斯坦的论文发表一个世纪之后，人们尝试直接操纵原子和分子的最常见手段依然简单粗暴——使用粒子加速器。科幻小说中,人类在操纵这些极小粒子时,最可能发生的结果是人类将自己缩小了。比如,在阿西莫夫(Asimov)的小说和电影《奇妙的航程》(*Fantastic Voyage*)里就能看到微型人工作的场景。所以,在纳米层面上处理粒子还不太实际。

直至最近,也只有科学家才相对了解"纳"(nano)这个词。这个词是在第11次国际计量大会(Conférence Générale des Poids et Mesures)上确定国际单位制(Système International,SI)时被提出。会议还曾确定过一些标准计量单位,如米、千克、秒等,也确定了一些从最大到最小的单位度量,从表示万亿倍的"兆"到万亿分之一的"皮"。这一系列度量中,倒数第二小的是"纳",表示十亿分之一。所以,"纳米"(nanometer)表示一米的十亿分之一,这真是个极小的单位。

1959年,美国伟大的物理学家理查德·费曼(Richard Feynman)在美国物理学会(American Physical Society)发表讲座时首次提出,人类有可能实现在分子水平上直接处理粒子的技术。费曼很乐观,他说:"到2000年,人们回顾这个时代,他们会想,为什么直到1960年才有人开始认真地朝这个方向前行。"然而在实际中,我们直到21世纪才真正认真地朝这个方向前行。

操纵原子制造一样新物品有三个非常大的问题。其一,要了解这个物品的结构——要对其结构得出一个精准的构成方案。其二,要解决所需原子在数量上过于庞大的问题。想象一下,我们要组合一个与人差不多大小和重量的东西,大概需要 7×10^{27} 个原子。就算人类能在1秒内组合100万个原子,也需耗费 3×10^{14} 年才能完成这一工作。

其三,如何将原子一个一个地像乐高积木那样堆在确定的位置。

费曼设想过采用大规模的平行工作流来解决这些问题。这类似于以前学校的考试题目:"如果1个人挖1个洞需要10个小时,那么,5个人挖同样的洞需要多少小时?"费曼设想制造小型的机械手(或称人造"手"),可能只有人手的1/4大小。制造出10个这样的小手后,再由其分别制造出 10 个新的小小"手"，人手的 1/16 大小。这样，我们就得到了 100 个小小"手"。每个小小手再造出新的小小小"手"，人手的 1/64 大小，以此类推……"手"越小，量越多。当我们有了 10 亿个这样的"小手"时，就能着手准备挑战组合原子这一工程。

费曼这场讲座的 27 年后，作家兼企业家埃里克·德雷克斯勒在他的小说《造物引擎》(*Engines of Creation*) 中，将"纳米"和"技术"两个词拼到了一起，针对如何在纳米层面处理粒子讲述了他的看法。他将费曼提出的机械手称为纳米组装器，可以一个一个地将原子或分子组装成物体。

在纳米层面，一个纳米组装器需耗费数千年才能完成某项工作。正如我们所见，一个"正常"尺寸的物体中有太多分子，要将一个物品真正组装出来，恐怕需要数以万亿的纳米机器才能做到。德雷克斯勒推测，要制造一支这样的亚微观工作队伍，唯一可行的方法只能是设计出纳米机器，像克莱顿的小说《猎物》中描述的那样，这种机器能像生物一样自我复制，它们如同灰色的蛊虫具有极大的破坏潜力。

在考虑"灰蛊"的场景是否能真实出现之前，纳米技术中还有另一个方面值得我们考虑。在纳米层面工作，并不需要诸如纳米组装器那样的复杂东西。有一种纳米技术（纳米颗粒）已广泛投入使用，不过，这一技术的用途还非常受限。纳米颗粒只是普通物质，仅是将这些物质还原成了纳米大小的粒子，但正是由于它们的大小达到了纳米级别，它们的表现形式与普通物质产生了较大差异。纳米技术目前最常见的用途是防晒霜，我们可利用氧化锌或二氧化钛的纳米颗粒保护皮肤，以滤过可见光、阻挡紫外线，避免皮肤受到光线伤害。然而，事实上，几个世纪以来，纳米颗粒在我们陶器玻璃的某些颜料中一直使用，只是我们并未意识到这个层面。

每一台电子设备，比如我写作本书的这台电脑，中心处皆受益于一种处理和构建原子的技术，我们通常随意地称这一技术的产物为"硅片"(silicon chips)。但对集成电路而言，这种说法并不准确，并未表达出集成电路技术的神奇之处。集成电路采用原子层沉积技术，这是能将电路细节呈现在电脑芯片的硅基晶片上的最先进技术之一。这种原子层可薄至 0.01 纳米，它是真正的纳米技术。

纳米管和纳米纤维也即将投入使用，这两种纳米技术具有较大的潜力。通常，这两种分子结构形成的细丝均由碳构成，通过培育碳形成晶体状，而非直接人工构造。在未来，纳米管和纳米纤维能为电子产品提供超强的材料（作为目前粗碳纤维材料的延续）和极薄的导体。此外，在一些极小的晶体管中，已开始使用半导体纳米管，而且，碳纳米管能让科幻小说中一个更值得关注的猜想终成现实。

作家阿瑟·C. 克拉克（Arthur C. Clarke）构想过一种太空电梯，这是一种可延伸到太空的，长达 62 000 英里（99 779 千米）的电缆，可在无需火箭技术的情形下将卫星和宇宙飞船拉出地球，使其摆脱地球引力。2002 年，美国宇航局 NASA 先进概念研究所（NASA Institute for Advanced Concepts）的布拉德利·爱德华兹（Bradley Edwards）曾说："有了纳米管，我相信太空电梯将成为现实。12 年后，我们每 3 天就能将数吨货物运进太空，平均每磅只需花费数百美元。"显然，爱德华兹过于乐观了。著作本书时，他所说的为期 12 年的研究时间已接近尾声，但太空电梯并未有任何发展迹象。不过，纳米管确实有巨大潜力，并将会在未来投入到越来越多的使用中。

然而，所有这些简单的纳米结构都有对人类造成伤害的可能。由于这些小东西的物理特性，此类微小颗粒或构造物能以人们意想不到的方式引起我们的不良反应——例如，穿过皮肤，穿透生物膜（生物膜可阻止普通外物入侵），或者进入肺部对人体造成损害。人们曾认为石棉纤维无害，但后来的我们知道了石棉纤维对人体会造成较大损害。所以，在处理纳米粒子以及其他纳米构造物时，必须更小心一些。

早期，人们对纳米微粒一无所知。2008 年 1 月，英国最大的有机认证机构土壤协会（Soil Association）声明，"禁止有机产品中含有纳米微粒。"但土壤协会只明确禁止了使用人造纳米微粒，同时声称，"天然纳米微粒（如煤烟）具有无害性，因为生物进化过程一直伴有煤烟颗粒"。

他们完全不了解纳米微粒会给人类带来何种危险。纳米微粒最危险的地方在于它的尺寸，因为这种微粒的物理性质（而非化学性质）与我们所熟悉的物体具有很大的不同。由此，无论粒子是否天然，均存在危险性。而且，微粒尺寸还不是唯一的危险因素，天然纳米颗粒还可能因它们的作用形式或它们在人体内的反应而变得危险。需要注意的是，病毒和煤烟一样，是天然的纳米微粒，而病毒对人体健康绝对有害。

土壤协会为自己的立场辩护，称他们的意思是，天然纳米微粒就像空气中的二氧化碳，人们应当以理智态度待之——空气中自然生成的二氧化碳并无问题，人为产生的二氧化碳就另当别论了。这一说法有点似是而非，因为二氧化碳是二氧化碳，纳米微粒是纳米微粒——如果纳米微粒的浓度过高，具体是哪种分子微粒将变得不再重要，而二氧化碳和纳米微粒没有可比性，纳米微粒能直接对人体造成伤害。

更糟糕的是，土壤协会还表示，他们无法控制环境中存在的天然纳米微粒。同时，那些微粒的存在也不受人类控制。事实上，土壤协会并非环境控制组织，它的工作是控制有机产品的成分，但它无法阻止生产商在无意或有意间将天然纳米微粒加入产品。这与生产商将沙门氏菌加入有机食品相似，沙门氏菌也属天然来源。如果土壤协会认为纳米微粒有害，他们应禁止任何纳米微粒加入获准生产的产品，而不仅是人造纳米微粒。

直到土壤协会在总结观点时，他们才无意中说出了其奇怪态度的原因。"有机运动组织所采取的监管方法，几乎全是原则性的指导意见，并未进行基于科学的个案监管。"换句话说，这是他们对新兴概念的潜意识反应，并非真正担忧纳米微粒的潜在风险。他们争论的焦点仅止于纳米微粒的来源是"天然"还是"人造"，并未关注纳米微粒本身。实际上，我们非常有必要关注所有类型的纳米微粒。

对纳米微粒或许会带来健康风险的忧虑，具有科学合理性。皮肤之类的天然屏障或是简单的呼吸面罩，确能阻挡一般污染物。但正如我们所见，纳米微粒得益于自己独特的物理特性，可对此类屏障免疫。我们知道，人类应尽量减少吸入纳米微粒——无论是涂抹在皮肤上的物质成分，或是从食物中摄取的物质成分，我们都应作长期的监测。尽管纳米微粒比较危险，但要彻底证实它的危害，目前仍存在困难。

我们再看看更复杂的情况——纳米级机器，即费曼描述的分子级别的机械"手"。到目前为止，该领域的大部分产品并未如费曼设想的那样出自工程车间。这些产品出自生物实验室，其中很大一部分原因应归结于我们所关注的"分子级机器"，它遍布于整个生物世界，无论是我们体内运作的复杂化学物质或是病毒等独立的纳米级实体均有它的踪影。

以蛋白质为例。蛋白质是活细胞中执行 DNA 信息的主要分子，它不仅能插入其他分子传递信号，还能在软骨等细胞结构中起强化作用。蛋白质通常由细长的分子折叠，形成特定形状，而蛋白质的形状决定了它的功能和性质。简单说，蛋白质这种通过机械折叠方式决定其功能的现象，正是生物机器的最简形式。我们习惯于将机器看作汽车或 iPod 这样的复杂设备，但我们应记住，诸如杠杆、滑轮和螺钉这样的基本设备，在技术层面上也属于机器。

无论你是否将简单折叠的蛋白质归类为机器，生物体中的机器在实现其功能时，一定运行在纳米技术水平。例如，在肌肉中像棘轮一样"抓取和拉动"的蛋白质——肌肉里有上百万个这样的蛋白质以帮助你的腿或手臂运动。此外，还有一些复杂的机器，如细菌鞭毛。细菌鞭毛就像微型螺旋桨，有一个离子驱动的马达和一个旋转插座，这样的结构深受智能设计支持者的喜爱。然而，我们很难看出，这些小东西会造成何种大破坏，这些结构并未表现出我们所探寻的在纳米层面导致世界末日的危险性。

若存在某样发明或许会造成真正的大破坏，我们必须看看尺寸在纳米层面的机器人（纳米机器人，纳米技术专家的终极目标）。回想理查德·费曼的设想，是用一个一个原子制造物品，我们将面临三大问题：

其一，能解析某一对象，以了解要构建什么；其二，能一次性处理足够数量的原子；其三，能实现单个原子的操纵。要解决最后一个问题，首先需要特殊的纳米级组装机器。纳米组装器具体的工作原理尚无定论，但它们必须是纳米机器人——一种肉眼不可见的小型机器人，它们的唯一作用是将原子重组为新的结构。要实现纳米级组装，我们必须首先大批量制造出此种纳米机器人并驱动它们，给它们特定指令以制造我们想要的东西。费曼所说的，"小手制造小小手，小小手制造更小的手"可视为制造纳米机器人的一种初始化方式，而这正是人类目前无法超越的。制造纳米机器人的唯一可行方法，是让它们有能力进行自我复制，因为我们需要的纳米组装器数量实在庞大。

回想之前提到的数据，组装一个大小、重量与人类似的物体，需300万亿个纳米组装器，每个纳米组装器需以每秒100万次操作的速度工作，方能在1年内完成任务。事实上，只有当纳米组装器能自我复制时，我们才能实现这个目标。

假设我们拥有了这些能自我复制的纳米机器人，它们无须变成迈克尔·克莱顿书中所描述的那种贪婪怪物就能对人类构成直接威胁。存在着这样一种可能性：人类将变得对纳米机器人过于依赖，一旦失去这项技术，人类必然完蛋。

如果所有制造业都被纳米组装器操控的生产线取代，上述情形发生的概率将变得非常大。想象一下，产品由一个一个分子组装起来，因此，任何东西都能用同一个设备进行制造。如果这样的技术完善且便宜，传统的制造方式将彻底颠覆。最终，我们完全依赖于纳米机器人，一旦失去了它们，我们依赖于该技术的社会行将瘫痪。

失去纳米机器人技术，对我们生活的影响或许远超仅失去其生产出来的产品所造成的影响。毕竟，这些产品中的许多都与我们的生存无关。想象一下电视剧《星际迷航：下一代》(*Star Trek: the Next Generation*) 中的食品生产设备，其生产食品的过程正是按照命令进行组装的。如果我们所有的食物都来自组装而非种植过程，那么，一旦纳米机器人停止工作，世界将陷于饥荒。即便我们不依赖这一技术生产食物，我们仍有另一种可能会完全依赖于这项技术——某个阶段，我们的身体将时刻需要纳米技术才能维持生存。

在雷·库兹维尔（Ray Kurzweil）等人的想象中，人类可以永生。那时，我们需要将纳米机器人放入血液中修复我们的细胞，或用其取代人体中功能易出现问题的器官，比如代替心脏泵血。理论上，纳米组装器可以制造任何东西，它能将原子和原子拆分开，然后再像搭积木那样重新拼装组成其他东西，如围巾、电视、牛肉。所以，此类纳米组装器一定能组装出人体的某些器官，甚至强于原生。假若我们完全依靠着这些纳米机器人存活，一旦这种技术崩塌，人类也就跟着完蛋。

确实存在造成纳米技术崩塌的一种可能：如果我们实现了库兹维尔的设想，将微型智能机器放入我们身体支配我们的生命，我们必须采用纳米机器制造纳米机器，这也是唯一可行的办法。一旦采用了这样的做法，我们将会轻易地因纳米机器人发生问题而受到牵连，出现一些诸如扰乱生物生存和繁殖的风险。

这种风险可能会出现在纳米机器自我复制的过程中。如我们已知，自然生物界里的复制过程也会出问题——发生突变。如果某样东西的复制基数太大、次数太多，其在复制过程中出错的可能性也就更高。通常，复制过程中出现错误会导致复制失败，但偶然情况下也能引起一些新变化，使复制出来的生物优于前一生物。

自然选择会保证这种"优"胜的形式在生物繁衍过程中保存下来，前提是这种差异能一直传递下去，最终取代之前的不足的版本。简单地说，这就是进化。世界上一切生物都会进化，纳米机器或许也同样如此。一旦机器有了自我复制的能力，能自主地将一些变化传递下去，这些机器发生进化的可能性将开始增大，甚至可能会将一个致命错误传递给整个复制群。

突变会带来什么问题？我们在随后了解灰蛊时再作详谈。在此之前，我们得思考一下纳米机器的另一类故障。也许，依赖于纳米技术的世界所面临的最大问题并非纳米机器人偶发的某次进化，而是黑客刻意而为的杰作：纳米科技病毒。

我每天收到的电子邮件中，只有一部分邮件是我想要的，其余的大多数邮件都并非我希望收到的信息。这些垃圾邮件，不是将伟哥卖给我，就是想让我提供银行卡信息（并称我能收到一大笔遗产）。更糟糕的是，有的邮件还带有病毒、木马、蠕虫，这些玩意儿要么是想侵入我的电脑，要么是想让我的电脑崩溃。有些病毒程序员只是为了好玩，或将此视为一种脑力挑战；但另有一些程序员，则是实在的网络恐怖分子，他们希望借此引起混乱与骚动。这些企图攻击我电脑的人总是无休止地采取行动，使得我不得不让三个软件持续运行——杀毒软件、防火墙、反间谍软件，让它们保卫我的电脑。

这些电子破坏还不止于针对于某一种特定技术，只要某样电子产品在世界上的流行范围足以引起他们的注意（所以苹果电脑相对不容易接收到破坏性病毒），他们就开始实施针对这一产品的行动。现在，手机已成为了强大的掌上电脑，所以，写病毒的人也同样对这一电子设备高度关注。2004年6月，世界上出现了第一种手机病毒。让人不安的是，与电脑病毒相比，手机病毒的运行方式与真实的病毒更相似，它的传染性更强。

此处的"病毒"特指恶意电脑程序，它们潜藏在电脑里扰乱电脑运行。当电脑病毒首次为人所知时，我正在一个大公司里管理着电脑部门。一次，一位刚怀孕的主管很担忧地给我打来了电话，她很担心自己的电脑中毒后会给自己尚未出生的宝宝造成伤害。手机病毒与电脑病毒给我们带来的风险略有不同，它具有更大概率威胁我们的钱包。此外，手机病毒的传播方式更自然。

手机受到"绿地球病毒（Commwarrior）"攻击时发生的最典型情况是："你在酒吧且着急想打电话，一旦你拿起电话就会不断收到提示，询问你是否要接受来自未知人的蓝牙连接。通常，你会理所应当地点"否"。你肯定不希望与陌生人连接，但这个请求会不断地重复，持续地发起请求。

  这个请求不停地出现且频率越来越快，于是，你最终点了"是"，希望将它结束。当你点下这个"是"时，你的手机中毒了，"绿地球病毒"能从一个陌生人的手机直接传入你的手机。手机病毒正是利用了蓝牙技术的传输协议，在两部手机靠近时相互传播。显然，在靠近其他感染了病毒的手机时，你的手机有较大风险被感染。一旦中招，它将从你的账户中转走你的余额。

  如果你认为那些轻而易举就能赶上智能手机潮流的黑客对纳米机器丝毫没有尝试的兴趣，那就太天真了。不过，黑客的破坏也不是不能避免，无论电脑病毒或是手机病毒，都仅是程序。将智能电子设备设置为仅可运行内置程序而不可运行其他程序，是一种可行的办法。

  我们通常会允许对电子设备的程序进行重编程，因为这些软件也经常需要更新，以免在程序出错时丢弃硬件。但纳米机器人完全不同，它不需要编写更新程序，因为我们能在分子层面逐个地重建纳米机器人。

  使用不可编程的纳米机器人，我们将能避免黑客攻击，但这不表示我们能阻止心怀恶意的人破坏那些用以制造纳米机器人的"种子"设备。我们更不能阻止流氓技术人员制造出有害的纳米机器。今天，如同原子武器的概念，它一经提出就被铭记，我们不可能再回到纳米机器人概念尚未出现的时代。我们已处于"善者速为，非此唯恐恶人毕其事矣"的阶段。

  现在，我们回到灰蛊的场景。在纳米机器人自我复制的过程中，我们有一个合理的机制保证这一过程可使纳米机器人的数量达成所需（假设我们能忽略人类尚缺乏构建纳米机器人的基础途径的起始步骤），同时，我们还得有构建纳米组装器的计划。我们需要将指令传达至纳米组装器并为纳米组装器提供其所需的原材料及能源。

  如果要构建的目标物品是非常简单的重复过程，那么给纳米组装器的指令可以人工输入。举个例子，钻石里的碳原子以简单的、人类知之甚深的重复结构构成，要制造出一颗具有常见硬度、透明度和光泽特征的钻石，只需精确测量这种重复的图案即可。要为纳米组装器设置这样的制造程序并不困难，就像我们可以为车床提供指令让其做出一个椅子腿那样简单。

然而，如果要用纳米组装器构建出一个复杂结构，比如电脑或者烤牛肉那样的有机物质，就会遇到较大的困难。在这样的情况下，埃里克·德雷克斯勒提出，我们需要纳米组装器的镜像对应物——拆卸器。原理，用大量个体群集在同一物体上，一层一层地剥去它的原子，获取复制这个物体时所需的信息。在这个过程中，原物体必然会消失。

拆卸器将指令传递给纳米组装器，将刚消失的物体组装出一个新的复本。要实现这样的过程，最好的办法是模仿自然界。在自然界中，生物之间传递控制信息通常会采用化学信号和电信号。类似地，大量的纳米组装器必须从其环境中接受指令，包括化学、电、声、光指令。在这方面，昆虫超个体（superorganism）所使用的控制机制也许存在潜在的指导价值。

一直以来，我们都很好奇，诸如蜜蜂、蚂蚁和白蚁等看似不聪明的昆虫是如何实现集体大型工程和大规模活动的？人们逐渐认识到，诸如蜂房里的蜜蜂，它们并非一群采用了某种方式以实现共同工作的个体。相反，整个群体正是一个单一有机体。

基于这样的理论，我们能更容易地理解蜜蜂的能力和它们那些看似奇怪的行为。人们不会再奇怪于为何一只蜜蜂会为了群体而自我牺牲。同理，在人体中，细胞经常为了整个身体的健康而"自杀"，这一过程被称为细胞凋亡。同理，蜜蜂对组织的管理、蜂巢的营造以及它们的活动方式也不再那么令人费解。如果将每只蜜蜂考虑为多细胞生物中的单一细胞，那么，理解蜂群的运作方式将变得容易。

纳米组装器的构建尺寸比蜜蜂或蚂蚁群体小许多，故而其构建过程也更简单，但这并不影响它们利用群体间信息传递、单个昆虫行为控制的机制。例如，蜜蜂通过"摇摆舞"进行信息传递，并使用化学信息以协调超个体中许多组成个体的行为。在设计一群纳米组装器时，我们会对信息传递提出类似要求,同时,很可能会使用到类似的超个体技术。

对于原材料和能源,我们需要令纳米组装器自己从附近的地点去获取构建过程所需的原子——毕竟,它们不可能前往附近的商店去获得原材料。然后,我们需要让纳米组装器能利用光化学或光电手段从阳光中获取能量,或者像大多数生物那样通过燃烧从化学能中获取能量。

上述条件齐备时,灰蛊的场景将豁然而现。想象人类 DNA 中的指令经常遭到破坏而导致的 DNA 突变,如果组装器突变为不良纳米组装器则很可能会出现预料之外的情形。比如,原指令要求纳米组装器利用一堆沙(并且只能利用那一堆沙)作为原材料,在指令损坏的情况下,纳米组装器可能会利用附近的其他东西,汽车、楼房,抑或是人。

同样地,如果我们选择化学燃料而非光作为能源,不难想象,一群失控的纳米组装器随时都能将任何碳基材料(如作物、动物、人类等)作为自己的能源燃料。请记住,从定义上看,纳米组装器必然能制造出其他纳米组装器,能实现其自我复制。因此,我们可以设想,纳米组装器会不断地消耗它面前的所有东西,于是,这个群体将变得越来越庞大。

接下来要讲的,就是一群拆卸器失控之后的可怕场面。不过,幸好拆卸器不能自我复制。使拆卸器既能完成拆卸又能实现组装似乎并无必要,那样的设定将使拆卸器生产变得复杂——一旦纳米组装器大量出现,拆卸器也将水到渠成应运而生。所以,拆卸器永远不会像纳米组装器那样发生自我复制和扩增。不过,拆卸器也能造成混乱甚至严重破坏,如同卡通片中的食人鱼群将肉从骨架上完全剥下那样。拆卸器不仅能剥下皮肉,它甚至能将世间万物拆得粉碎,摧毁一整座城市以及城市里的任何东西。

可以预见,仅停留在理论层面我们就能看到诸多风险,不难想象,当不良纳米组装器失控变为现实时的实际情况将会如何。不过,这样的情形也并非不能避免。比如,让纳米组装器只使用太阳能,就能较容易地阻止其消耗食物(或人);此外,不使用化学能,对避免突变而言也大有裨益（与生物机体不同，我们可以给纳米组装器建立更多的制衡机制以防止突变的发生）。同样地，我们也能对拆卸器加以限制——我们可通过限制拆卸器使用寿命或使其排斥指定物质以减少其带来的威胁。

此外，还有一点值得强调：我们也许永远无法制造出真正的纳米机器。现在，已有实验产出了一些有前景的纳米组件——例如，分子组装而成的纳米凝胶以及纳米剪切器（一种特殊的分子，就像剪刀，可以用来修饰其他分子），但我们距离实现真正的纳米机器还有很长的路要走。我们不仅需要在纳米层面上构建起一个复杂的装置，还需要为它提供能源、电脑以及某个能实现自我复制的机制。在上述清单中，我们目前唯一能做到的，只有提供一台电脑且其仍运作于正常的宏观层面而非肉眼不可见的纳米层面。

长久以来，尽管有关机器人自我构建（实际上是复制）的预言一直存在，但现实却远落后于炒作。早在1981年3月，美国国家航空航天局的一位科学家在哥伦比亚广播公司的广播新闻中就宣布过，"我们将在20年内拥有能自我复制的机器人，然而直至今天，依然未实现"。事实上，这位科学家所宣称的实现自我复制，只是在正常的宏观层面而非病毒和大分子层面。

以今天的科学技术，也无法攻克使物体放大或缩小的难题，就像你不能将蜘蛛的体形放大到与人类一样大，你也不能使那些工作于人类尺度下的东西缩小至纳米级别，同时还期望它能保持原有的工作状态。这里涉及的是比例的变化，我们永远不会看见如马那般大的蜘蛛——因为重量会随体积的增加而增加，尺寸每增加1倍重量会增加为原来的8倍；腿的力量由腿的横截面积决定，腿部横截面积每增加1倍力量会增加为原来的4倍。显然，体重增长的速度快于四肢承载力的增长速度。持续增长，生物的腿将会因承受不住自身的体重而折断。

同样，在纳米技术尺度，不同的物理因素也会产生影响。在纳米水平，原子中不同位置的正电荷和负电荷所具有的电磁效应将更为显著。根据一种名为卡西米尔效应（Casimir effect）的量子过程，在纳米尺度上彼此靠得很近的导体会产生强烈的相互吸引。在这样的微观尺度下物体会粘在一起，而在宏观尺度上则不会发生。这一效应将纳米机械搞得一团乱，除非这些纳米机械能像生物一样更多地利用液体。几乎所有人都激动地对纳米机器的强大能力作出了预测，但人们都大大低估了在这种规模下的操作的复杂性。

我们假设，若我们成功研发了制造纳米机器人的技术，会有多大概率出现灰蛊的情况？设想存在一个纳米机器，因某一随机错误而失去了控制。因为它遵循自己的立场自我复制（非为人类），它生产出了一个"更好"的机器。然后，这些机器开始贪婪地消耗这个世界，从农作物到人类肉体，它们将一切销毁得一干二净，这实在太令人毛骨悚然。事实上，机器人与生物体并不完全相同。机器与植物或动物的最大区别为，机器是设计的造物。既然来源于设计，我们将能增加多重保障。

第一道保障是防错机制。生物"装置"显然比电子"装置"更易出错。诚然，在制造新的纳米机器人时仍有存在复制错误的可能，但其发生的频率远低于生物。第二道保障是检错机制。我们的生物逻辑机制中确有一些检错机制，但它们阻止突变并不那么有效。在电子设备中，构建检错机制则更有效。若复制过程中出现错误，检错机制将阻止错误被继续复制。根据风险级别，我们可以插入任意多的错误检查机制。在设计中，我们可以预估到所需条件并建立相应机制，这显然是它与盲目演进过程的关键区别。

第三道保障，我们可以限制设备自我复制的次数，以此作为应对灰蛊状况的一条退路。第四道保障，我们可以任性地给设备装上其他故障保险装置。例如，纳米机器可能内置受无线电信号控制的灭活器。所有这些预防性设计的保障，都能让纳米机器人的威胁远小于某些胆小者猜想出来的威胁。

然而，如果那些建设纳米技术的人并未创造出安全且有助于人类的东西，反倒构建出恣意破坏的玩意儿，那我们的预防措施即便做得再精明也是无用之功。如果纳米技术不会因偶然事故而产生破坏性，那自是一件令人调神畅情之事；但如果有人积极地去利用纳米技术进行破坏，又将如何？

根据"地球之友"组织（Friends of the Earth）的说法："预防将纳米技术用于军事，对世界安全非常重要。如军事上使用了纳米技术，人类或将制造出非常可怕的大规模杀伤性武器。"其中有非常重要的一点：我们需要了解上述说法中的真实情况有多少，以及为什么科学家对纳米技术如此着迷。

在研究纳米技术的军事用途时，我们需要重视"地球之友"所预测的大规模杀伤性武器，因为纳米技术一定会毫无疑问地应用于军事。或许，纳米技术在军事上的应用，最早会以增强信息系统的方式出现——将传感器做得像灰尘一样细小，使肉眼几乎不可见，人们用它将信息转发回军事情报处。

纳米技术还有可能用于设计特型战衣，供士兵在战场上使用。未来可能会出现由纳米管材构造的质量轻、韧性强的材料，或出现某些采用纳米科技构造的人造肌肉支撑的外骨骼，以及在士兵受伤时能使用的医疗器械。这些器械将使用纳米技术探查人类身体的情况，并进行干预。

要想彻底了解"地球之友"所预言的大规模杀伤性武器，我们得再看看那些有意为之造就的灰蛊之景——任何一种强力的攻击类型的纳米机器人（拆卸器、以生物体为原料或燃料的纳米组装器），都有可能成为极厉害、极可怕的武器。

一想到这种势不可挡的液体的流动，就让人恶心。蜂拥而至的纳米机器人，单个个体很小。它们能像液体一样自发地向你流淌，爬到你身上，侵蚀你的皮肤和血肉，一层一层地将你啃得连渣都不剩。

这种大规模杀伤性武器绝不亚于生物和化学战剂，它能遍布整个战场并消灭敌军，而传统的防御机制不会起到任何作用——敌军无论穿戴任何防御装备，都将被纳米机器人大军轻易地销蚀殆尽。这样的场景，实在令人毛骨悚然。不过，我认为它在短期内成为现实的可能性不大。

第一个难关是技术问题。我认为，在未来50年，要实现这一技术的可能性太低。正如美国航空航天局的科学家所说，在如此复杂具有挑战性的领域，人们容易过高估计技术的发展速度。

  第二道难关是控制问题。纳米机器人的攻击形态，不太可能被部署为像化学或生物武器那样，因为纳米机器人会像消灭敌军那样轻易地消灭友军。纳米机器人或许更应该参照核武器那样的模式进行部署，为纳米机器人的使用寿命设置限制——否则，这些小家伙破坏到何时才能终止，我们无法控制。

  第三道难关是敌人问题。只要敌人拥有了类似技术，就能采取相应的对策。若在设计上，纳米机器人通过化学气味或特殊的无线电信号接受控制以作敌我辨识，那么，敌军也可能采用相同机制反制。我们还可以构想出一种战服，外层由纳米机器人保护，战服上的保护型纳米机器人以进攻过来的纳米机器人为食，借以抵消对方的进攻。

  如采用了此类防御技术，那么，纳米机器人武器可能无法摧毁军队，但无辜的公民却仍然处于纳米机器人的屠刀之下。这种武器的攻击性远强于我们今天所知的无差别攻击。若此类武器成为现实，将有较大概率与今天的生物和化学武器一样，受到法律的坚决反对。但可不意味着不会有人使用此类武器——流氓国家和恐怖分子就很青睐此类武器。不过，国际社会也一定会采取行动禁止这些武器的使用。

  令人惊奇的是，在本书写作时，纳米技术就引起了科学界的极大兴趣，这样的兴趣力度与概念性的纳米层面工作所潜藏的好处完全不成正比。人们通常讲 GNR——遗传学、纳米技术、机器人技术——看作 21 世纪的关键技术，其中，只有遗传学还不能称作实际意义上的技术，除非你打算将集成电路也算作纳米技术（译注：作者意指若将遗传学算作技术，那么，老旧的集成电路也可称作纳米技术）。

  纳米技术之所以如此吸引科学家，部分原因可归结于纳米尺度是大自然所选择的一条道路。我们人为的构建工作在宏观尺度上进行，但许多自然的"机器"却工作在亚细胞级别。例如，我们体内细胞的能量来源——线粒体，它只有数百纳米宽，但却对我们的生命至关重要。于是，就有了埃里克·德雷克斯勒在《造物引擎》中关于纳米组装器的幻想（至少，在目前，我们只能将这个想法视为幻想）。

如果我们能使用纳米组装器工作，理论上，我们也许能以低于所有原材料成本的价格制造出任何东西；也许会拥有一种技术以延长人类寿命至永久；也许能只使用现需成本的一小部分即可将卫星送入太空；也许能将材料分析提高至一个全新的精准水平。尽管在现阶段，纳米技术带来的实际利益不大，但上述可能性却皆为人们心之所向。不过，我们也必须清醒地认识，这一"未来"或许还很遥远——甚至至本世纪末，出现《造物引擎》中所描述的那种影响深远的纳米技术的概率也不高。

纳米级机器人是人类对未来的想象，但另一项技术完全不需展望——信息技术的滥用，下面我们详细讨论它对当今世界构成的实实在在的威胁。

7 信息坍塌

> 有人说，计算机之类的机器只能按指令运行程序。从某种意义上说，这完全正确，因为计算机不按指令运行通常意味着它出错了。
>
> ——艾伦·麦席森·图灵（Alan Mathison Turing, 1912—1954）

2005年，一只老鼠和一个笨手笨脚的工人搞垮了新西兰的整个电信系统，造成了新西兰的全国性混乱。科学让我们的信息交换能力大大提升，自然界中的任何事物均无法提供类似的能力，不过，我们对电子网络日复一日的依赖也使我们越来越惧怕大规模数据破坏的影响。2008年，我们见证了银行体系中的小动荡对世界经济造成了何种大破坏。然而，与全球数据网络连接完全丢失或大规模瘫痪的影响相比，这种动荡微不足道。一旦出现那样的情况，不仅是金融世界将陷入混乱，商业、交通、政府和军队也会陷入混乱。

这种以科学为基础的灾难初看起来，似乎无害——仅是信息丢失。事实上，若失去了信息流动，我们复杂的、非自然的社会将受到极大影响。如果没有系统能给商店提供食物以及货品，没有计算机控制的网络管理我们的能源和通讯，我们将会非常无助，其结果是我们熟悉的、舒适的生活就此终结，甚至有可能导致数百万人死亡。

再回头看看2005年6月的新西兰。两个完全不相关的小行为联合起来破坏了一个国家。一只饥饿的老鼠在新西兰北岛（North Island）咬断了光缆，那是新西兰电子通讯的主干线之一；大约同一时间，一名工人在新西兰的另一个地方为一条电线挖洞，他不幸地割断了第二根光缆。尽管通信系统在设计上留有冗余，能使路由绕过网络障碍，但以上两个主要故障导致了证券交易所关闭，并造成了移动电话、互联网、银行、航空公司、零售系统等陷入停滞状态。整个新西兰，因这两起破坏而瘫痪了5小时。

意外破坏的可能总是存在，比如新西兰的这次事故。然而，故意破坏的危险性更大。相对而言，新西兰的通信线路遭受双重打击的意外发生的概率并不高，但在恐怖分子那里，这显然是制造破坏的好办法。现在，政府对采用前沿电子技术的恐怖分子比以前更重视。我们必须承认——计算机科学家，无论是合法的技术人员或是暗中行动的黑客，都可能给社会带来实实在在的危险。

蓄意破坏的危险性更大。新西兰的网络被老鼠和工人搞垮，是由于一个不合理的设计再加上了一个不大可能的巧合；恶意攻击者能利用计算机的互联性，将攻击扩散到全国乃至全世界这样更为广泛的区域，而不是集中在某一个地方。互联网遍布全球的性质为商业和学术界提供了非常多的好处，但也让敌人有机会从各个方向发起不可预测的攻击。

尽管这种威胁看似才刚刚出现，但这样的攻击策略可追溯到很久以前——远早于我们大多数人拥有电脑的时代——我们需要回到人类刚发展出互联网的时期，看看这一切是如何开始的。

我们习惯了将互联网当作个人工作、商业、教育等领域的工具，但最初的互联网却的确始于为军队效力，尤其是为ARPA工作。ARPA即美国国防部高级研究计划局（the Defense Department's Advanced Research Projects Agency），后也称DDARPA。1957年，苏联发射了首颗人造卫星斯普特尼克（Sputnik），引起了美国的恐慌。于是，美国在第二年成立了 ARPA 以确保美国在未来的高科技项目中处于领先地位。

从早期开始，ARPA 就向许多大学资助了计算机，并希望通过某种方法，让华盛顿等地的终端用户能登录加州的计算机，而不必特地前往指定地点使用计算机。正是基于这种登录远程计算机的想法，美国建立了阿帕网（APARNET）。但很快，这一网络证实，此网络以及作为其通信协议的"分组交换"技术，也能用于与其他计算机之间的互联——不但可以在程序间传递数据，还可以让新兴的电子邮件在各地之间实现消息传送。

最终，阿帕网一部分被分离出来，形成美国军用网（MILNET）。在这一过程中，纯粹的军用机密计算机被单独分割了出来，而其余的阿帕网则被命名为互联网（Internet），也即我们今天熟知的互联网的前身。直到 1995 年，互联网才真正开始蓬勃发展，此时，互联网才对商业领域开放，而在此之前，大学才是互联网的唯一舞台。

1988 年，通过阿帕网连接的学术计算机大约有 6 万台，其中绝大多数为中、大型计算机，运行着教育界的标准操作系统 UNIX。不过，也有一些使用了专有操作系统，比如来自当时非常受欢迎的数字设备公司（DEC）之类的小型计算机制造商的操作系统。1988 年末，一些计算机操作员发现，他们的计算机运行速度越来越慢，就像有很多人正同时使用一样，但计算机的实际负载却很轻。不久，一些计算机速度缓慢到人们无法正常使用，此后，这一问题就像疾病一样在各台电脑之间相互传染。

最初，运营商试图将个人电脑从网络中移除，并进行程序清理，然后重新启动。但重新连接后不久，这些清理过的电脑速度再次变慢，最后，运营商不得不关闭整个阿帕网以作系统清理工作。想象一下，假如当前的互联网也发生同样的事情——关闭整个互联网，一定会对全球的商业、教育、行政管理等领域产生巨大影响。幸运的是，当时的阿帕网覆盖范围相对较小且仅限于学术界，但关闭阿帕网仍给当时的人们带来了巨大损失。

ARMAGEDDON SCIENCE

年轻人总是充满了好奇心，一些计算机的狂热爱好者总是抱着"试试看会发生什么"的心态，结果意外导致了网络严重崩溃这样的恶劣后果。阿帕网由一张网络与许多运行同一操作系统的计算机组成，康奈尔大学一位名叫罗伯特·莫里斯（Robert Morris）的研究生对此非常感兴趣。

莫里斯的父亲也叫罗伯特·莫里斯，后者在美国国家安全局（NSA）从事计算机安全工作。不过，大学生莫里斯对这一迅速发展的网络的本质更感兴趣——这种兴趣让他坚定地踏入了父亲从事的工作领域，不过，随之而来的结果却非常痛苦。因为阿帕网的发展速度很快，很难判断其覆盖影响的范围到底有多广。莫里斯的想法是，编写一个程序，使其能自动地在各台计算机之间相互传递，这样就能计算出主机的数量。从本质上看，他想对阿帕网进行一次普查——这是一个值得尊敬的目标，但他的行为却导致了非常严重的后果。

尽管莫里斯创建的程序在当时被称为计算机病毒，但从技术上讲，它是一种蠕虫程序，能通过网络在计算机之间传播。莫里斯注意到了UNIX计算机在工作方式上存在一些问题——UNIX皆使用邮件发送程序（sendmail program），从一台计算机传输电子邮件至另一台计算机，这种无处不在的邮件发送程序允许运行它的计算机接受相对开放的访问请求。同时，那个时代的大学计算机环境相对宽松，许多操作计算机并具有高级访问权限的人并不设置密码。所以，莫里斯很容易地在别人的电脑上安装了一个新程序并使其运行。莫里斯的蠕虫程序可在计算机之间传播，并将计数反馈给自己。

毫无疑问，莫里斯知道他做的事情是错误的。在编辑完可以自我复制的蠕虫程序后，他并未在康奈尔大学的阿帕网上释放这一程序。他登录了麻省理工学院的一台电脑，在那里释放了蠕虫程序。莫里斯并不想给自己制造麻烦，但正是由于自己编码犯的一个重大错误令自己摊上了一条犯罪记录。

蠕虫程序进入计算机的第一个动作，是检查这台计算机是否已有蠕虫程序在运行。如果有，它将不再做任何工作，新的蠕虫程序副本将会自动关闭。不过，莫里斯很快意识到，精明的计算机操作员如发现了他的蠕虫程序，或许会很快建立假的蠕虫程序——当他的蠕虫程序检查是否已有其他蠕虫程序入驻计算机时，将得到肯定的回答，从而中止安装。如此，他的蠕虫程序将无法在网络上肆无忌惮地传播，以实现对网络进行全面调查。

为了克服这个障碍，莫里斯在代码中添加了随机触发机制——如果，蠕虫在询问时得到了肯定的答案，也有 1/7 的概率建立新副本，仍然坚持安装运行。莫里斯认为，这种限制或能确保他的蠕虫病毒传播，然而他错了。

互联网与之前的阿帕网一样，是种特殊的网络。这种网络形式在自然界也时常出现，因为它有大量的"枢纽"，这些枢纽能连接到很多其他计算机，所以，通常只需数个步骤，数据就能从网络上的一个位置到达另一个位置。更重要的是，在最初设计时，这些网络枢纽在数量上就有冗余，从 A 点到 B 点的路由通常不止一条。在最容易贯通的路由无法访问的情形下，系统软件会重新进行路由，以保证消息通过。因为它最初是为军事系统服务，阿帕网的建造者相信，在未来的某个时候，或许会有人试图摧毁网络的一个或多个部分，网络软硬件的设计充分考虑了局部毁坏的问题。

网络的强大互联性与能额外抵御攻击的路由相结合，让莫里斯的 1/7 规则形成了一个正反馈循环。我们在第 4 章"气候灾害"提出过这个问题——这也是你将麦克风靠近扬声器时会发出啸叫声的原因。想象一下，有一只机械手转动着操纵杆，而操纵杆能反过来使机械手发生运动——随着这只机械手转动操纵杆，机械手的力量会增加，进而使操纵杆的转动效果增强让其转得更快，随后又会进一步加强机械手的力度并如此循环。

莫里斯的蠕虫程序侵占了阿帕网的计算机后，也产生了同样的影响。计算机上安装的蠕虫越多，它就越想将自己传递给其他计算机，计算机上安装的蠕虫副本也会变得越来越多。很快,成百上千的计算机开始运行越来越多的蠕虫程序副本——每复制一次,计算机运行变慢一次,直至计算机完全停止运行。

这个影响到底有多大?基于时间线,一份报告研究了第一台被蠕虫程序感染的计算机——犹他大学(University of Utah)的 DEC VAX 微型计算机(DEC VAX minicomputer)——的状态。报告显示,这台电脑于 11 月 2 日晚上 8 点 49 分被感染,20 分钟后开始攻击其他电脑。到晚上 9 点 21 分,VAX 上的运算量是正常情况下的 5 倍——当时,已有许多蠕虫程序副本开始运行。60 分钟后,计算机就因运行了过多的蠕虫副本而无法启动其他任何程序。

操作员手动关闭了所有程序,仅过去了 20 分钟,电脑重新被感染,再次陷入瘫痪。避免再次感染的唯一方法是,将计算机从网络上断开。讽刺的是,作为负责处理被莫里斯的蠕虫病毒控制的电脑的操作员之一,克利福德·斯托尔(Clifford Stoll)打电话给美国国家安全局,向老罗伯特·莫里斯说了这个问题。显然,老莫里斯多年前就意识到了会有蠕虫程序使用这一邮件发送机制的缺陷。但在打电话的时候,没人知道这正是莫里斯的儿子制造的网络"饕餮之旅"。

阿帕网最终在这次无意的攻击中幸免于难,小莫里斯成为了第一个根据《计算机欺诈和滥用法案》(Computer Fraud and Abuse Act)而接受审判的人——他被处以巨额罚款、社区服务和缓刑。以现代计算机病毒和蠕虫程序的标准看,莫里斯的蠕虫非常简单,甚至莫里斯本人也未曾想过要制造什么麻烦。但是,今天的一些更现代化的网络攻击,针对的却是至关重要的信息和通信基础设施。这些攻击来自人为目的,旨在尽可能地扰乱和破坏我们的社会,这就是网络恐怖主义。

自"9·11"事件以来,我们痛苦地意识到,恐怖分子对人类生命、财产和社会自由行动的伤害有多大。虽然在名字中,网络恐怖主义含有"恐怖主义",但乍看之下,我们就能知道网络恐怖主义所导致的结果与一般恐怖主义完全不同。网络恐怖主义通常不会立即造成人员伤亡——

尽管在最坏的情况下，它也会造成大屠杀——但其在全球范围内的影响却是现实世界中实实在在的恐怖行动无法做到的，网络恐怖分子能同时袭击世界各地的重要网站。

"网络恐怖主义"一词，在英语中为"cyberterrorism"。其中，"cyber"这个部分来自"cybernetics"（控制论），源于希腊语中一个表示"引导、操控"含义的词，在拉丁语中相当于"gubernare"，英语单词"govern"（统治）和"governor"（统治者）也来自这个词。20世纪40年代，"cybernetics"这个词被创造出来应用于通讯和控制理论领域。当时，虽然第一台真空管计算机原型已建成，但这一词汇与电子学却并未明确联系；很快，计算机就成为了电子通讯和数据处理的同义词。因此，网络恐怖主义的意思就是利用电子网络和数据，或以我们的信息系统为目标所进行的恐怖主义行为。

尽管我们倾向于认为网络攻击的威胁主要发生在软件层面——例如，阿帕网的蠕虫病毒由计算机网络自身的性质使这种传播攻击的方式变得容易——但网络恐怖袭击也有较大概率发生在硬件层面。信息技术中，硬件和软件始终结合在一起，不管硬件还是软件都是恐怖袭击的潜在目标。

存在一种粗糙的、基于物理设备攻击硬件的方法。虽然互联网确实留有冗余，在出现故障时可以提供替代路径，但它也有弱点。就像新西兰事件那样，破坏一些主要传输互联网流量的"管道"，至少能使网络流量大大降低。同样，相对来说，负责域名解析系统的计算机很少，域名解析系统让我们能使用人类语言（例如 www.google.com）定位计算机地址，而非使用互联网的真正地址。互联网的真正地址结构使用了由4组数字组成的字符串，每组数字均有3位数。如果域名解析计算机受到攻击，电子灾难出现的概率将大大增加。

然而，要以这一方式实现破坏，必须由世界各地的恐怖分子同时发动攻击——一旦造成灾难性后果，这或将将成为人类有史以来经历过的最复杂的一次恐怖袭击。相比之下，现在还有另一种为更简单的、基于硬件的方法，同样能造成灾难性破坏——这种破坏不仅能在计算机网络中传播，还能在所有现代设备中传播。这一攻击方式的唯一限制条件是其行动需要一个较长的设置时间。那些流氓政府或秘密国家机构发动这样的破坏活动的可能性较大，我们仔细研究就会发现这样的行动绝非不可想象。

在现实中，我们当前所使用的每一种设备——从精密的计算机到简单的电视机遥控器——都含有微芯片。微芯片是带有嵌入式电路的微小硅片，能制造此类重要零件的公司相对较少。如果破坏者能侵入这些公司并对芯片进行秘密修改，他们就能为这些芯片设置一个有效期，使其在未来的某个特定时间失效，或者将其设置为响应某个特定的输入信号。

美国俄亥俄州克利夫兰市（Cleveland）凯斯西储大学（Case Western Reserve University）的学者和美国国防部高级研究计划局都对这种潜在的可能性进行了研究。多数芯片的复杂程度较高，其中确实存在制造商少于使用过或注意到过的电路，这些电路可以由将来的计时信号或外部信号触发。此外，还有一种可能性，降低制造芯片的技术水平，但这会缩短芯片的寿命，致其迅速老化和失效。

有人提议，应采用一些设备辅助检测硬件中是否隐藏有此类危险。然而，在实际工作中，即使芯片制造厂采用了更复杂的检查流程，其发现额外电路的概率仍然微乎其微。虽然芯片制造商的数量不多，在一定程度上确实减少了潜在破坏者得手的机会，但这也同时意味着，一旦网络恐怖分子得到了机会，几年时间，他们设置的芯片就将逐渐在用户群中铺开，造成规模较大的破坏。

这仅是潜在灾难中的一种，应对这一灾难的唯一有效预防措施，只能是由负责任的员工去仔细审查芯片制造商，但愿此措施可行吧。但网络恐怖主义远不止于破坏芯片那么简单。我们很容易低估网络恐怖主义行为的影响，无论是针对软件的攻击行为，还是针对实体硬件的攻击行为，或是两者的结合，我们都未曾给予足够的重视。你或许会认为，失去互联网几个星期确实让人恼火，一些企业会倒闭，一些人会遇到诸多不便。但在互联网出现之前，人们的日子也过得挺好，不是吗？所以，我上述的假想场景，在许多层面上不一定绝对正确。

首先，我们越来越依赖于互联网。我们从2008至2009年的银行业危机中看到，银行体系中哪怕仅出现相对较小的网络问题，也能对全球经济产生较大的影响。而且，目前的几乎所有银行业务均依赖于电子网络。如果银行网络瘫痪，不仅银行无法有效运作，所有商业行为也将遇到困难。

其次，还有可能会出现更糟糕的情况。我们所有的骨干公共服务行业——电力、天然气、自来水——都依赖计算机网络和电力运行，如果一场攻击摧毁了电力和控制网络，我们日常生活所依赖的公共服务将瞬间崩溃。此外，泵送汽油和柴油也需要电力，一旦电力供应出现问题，运输与销售商品也将无从谈起。超市里空无一人，即使营业员把货品摆上货架，也无法售卖。有人曾说，如果我们失去电力，只需要几天的时间，我们的现代社会将变得彻底混乱，我们无法继续应付身边的一切，勉力为之也不行。没有网络的支持，城镇就无法正常运转。

在2003年的大停电中，我们看到了小范围内出现的上述城市崩盘。正如我们在第4章讨论气候变化时所看到过的，那次停电影响了加拿大和美国东北部的相当一部分地区，导致5 000万人电力供应中断。除了停电问题，还出现了供水中断，数百万人无法得到自来水供应。在其他方面，还发生了交通混乱、巨大的商业损失、医疗条件受限、通信受限，以及一些暴徒的趁火打劫。在这样的情况下，我们尚可生存下来，但如果整个大陆发生连续数周断电，又当如何？

有些人忽视了对网络进行直接物理攻击引起破坏的风险。我们很容易想象出，有人在遥远的黑暗房间里，坐在电脑终端前，侵入远方的计算机系统，造成严重的破坏。我们很容易想象出，有人会用炸弹，甚至自杀性袭击的方式将他人炸死，目的仅是为了扰乱美国的社会秩序。迄今为止，所有事实都告诉我们，这正是"基地组织"那样的恐怖组织时刻准备着的事情。因此，我们不能忽视网络攻击以类似方式出现的可能性。

在小范围内，恐怖分子尝试过两种袭击方式。例如，2000年，维特克·波登（Vitek Boden）在澳大利亚利用笔记本电脑和双向无线电入侵了一家公用事业公司的计算机控制软件，拦截了马鲁奇郡议会（Maroochy Shire Council）污水处理服务管理系统的计算机之间的通信。他使这一系统向公共水道排放了25万加仑未经处理的污水，仅是因为自己刚向一家污水处理公司求职遭到了拒绝。

在当今成体系的恐怖袭击中，前恐怖组织爱尔兰共和军（the Irish Republican Army）曾在物理攻击方面策划过阴谋，并在1996年遭到披露。当时，他们想通过一系列爆炸以摧毁电力和天然气网络的关键节点，从而在伦敦制造混乱。

如果恐怖分子学会阅读学术论文，对他们袭击现实社会或将更为有利。对美国西海岸电网的各个部分在遭遇意外故障或受到蓄意攻击而致摧毁后将会发生的情况，位于中国辽宁的大连大学的科学家们采用计算机进行了模拟。

在进行此项研究之前，他们曾猜测，电网一旦遭受攻击，负载较重的电网将会成为第一批"受害者"。他们认为，一旦某个子电网受损，控制电网的系统会立即将其负载转移至相邻的子电网，结果会导致相邻的子电网过载并断开。如此循环，就像多米诺骨牌一样出现级联故障并最终导致全网络崩溃。令人惊讶的是，他们的研究表明，自己猜测并非最好的袭击方式——在某些情况下，如恐怖分子想尽可能多地破坏网络，从负载较轻的子电网着手或许更有效。此后，导致此种网络崩溃所需条件的细节已移交给美国的电网运营商和国土安全部（Department of Homeland Security）。

然而，也有人指出，这些细微之处不仅超出了大多数恐怖组织的能力范围，且在实施时亦无必要。英国纽卡斯尔大学（Newcastle University）的伊恩·费尔斯（Ian Fells）直言不讳地说："真正下定决心的攻击者不会在这方面浪费时间——他们只需要集结一群人，用塞姆汀塑胶炸药（Semtex）就能炸毁发电站附近的电网。"

虽然尚无人采用纯粹的电子手段实行重大恐怖袭击，但在小范围内，我们已看到过足够多的恐怖事件案例。我们明白，电子手段的袭击确有真实发生的可能。1997年，针对一系列网络问题，美国国家安全局主导了一场虚拟的拒绝服务攻击（denial-of-service attack）项目。（拒绝服务攻击，是指服务器受到大量请求轰炸的情况下逐渐陷入瘫痪，作用上类似于莫里斯的阿帕网蠕虫程序，但拒绝服务攻击是有意进行的行为。）拒绝服务攻击的目的，是使电话网络关闭，并阻止用户使用电子邮件。所有这些攻击，均利用了当时因特网上现成的工具而得以实现。

讽刺的是，当时为美国国家安全局发起拒绝服务攻击的黑客们模拟自己正为朝鲜效力，而2009年7月美国白宫、国防部和纽约证券交易所的公共计算机系统却遭受了一场真实的拒绝服务攻击的袭击，而攻击者似乎正来自朝鲜。我们能看到的唯一结果是，某些官方网站、包括白宫网站消失不见，一位专家将其描述为"大规模运行中断"。这次袭击造成的后果并未伤筋动骨，但如果这一攻击发生在更大范围，其造成损害的潜力或将更大。

令人担忧的是，我们的基础公用设施控制系统（也称监视控制和数据采集系统）与别的网站系统或其他在网络上更显眼的目标不同，这一系统通常不具备良好保护使其可免受外部的干扰。这一现象的原因可部分归咎于设置系统的人未意识到会有外部连接的存在。此外，另一部分原因则是基本公用设施的控制和报告系统需要较高水准的实时通信。在某些情况下，安全网站所使用的安全协议与设备并不适用于基本公用设施系统，它们运行起来实在过于缓慢。

事实证明，我们知道的针对大小的公司的防火墙和安全系统而发起的网络攻击仅是冰山一角，最令人担忧的是人为发起的针对军队以及某些关键基础设施（如电力公司）的网络攻击。大公司每天都会遭遇数百次低级别的系统入侵尝试，但电力公司大约每月都会经历一次严重的网络攻击。有人认为，这些网络攻击大概率来自中东的一些组织。事实上，承受这样的攻击也需付出较大的代价。

在网络攻击造成的影响中，真正让人担忧的并非某起单一的、针对电子安全发起的攻击。在那些试图阻止网络恐怖主义的人眼中，真正让他们忧心的是恐怖分子通常不会独立发起攻击，而是联合多方一起，对控制我们基础设施的计算机进行攻击，从而致使全国乃至全世界陷入混乱。

我们通常会认为，一般情况下，此类攻击来自一个遥远国度的路由，通过互联网，小心翼翼地侵入到我们原以为安全的系统。尽管"防火墙"软件并非万无一失，但大多数公司和组织仍部署了这样的软件（有时是硬件）。通过捕获所有未经内部验证而传入的消息，以减少外部影响防火墙背后的系统的概率，这也是人们设计防火墙的目的。然而，要侵入某个关键系统，互联网并非唯一途径。

通常，为了方便，一些组织专门对外界开放了他们的系统，以便该系统能得到更有效的利用。由于无线网络具有较大的便利性，故其流行速度较快。曾经，当你在餐厅结账时，要么将信用卡交给服务员，要么亲自前往收银台通过 POS 机支付。现在，服务员会带着收银设备，来到你的桌子边请你付款，这一设备使用的正是无线网络。

无论是在家，还是在办公室，我们大多都能将无线网络接入。它能给我们带来便利性，无论是躺在床上使用笔记本电脑，还是在电视机前使用 iPhone，无线网络能让我们自由地连接互联网并获取数据，这样的体验非常棒。毕竟，并不是每一个家庭的每一个房间都部署了有线网络插座——即使有部署，网线也时常绊倒我们。然而，无线网络带来的便利性也有代价。

假如，你带着 iPhone 或类似的无线设备在郊区街道散步，一旦这些无线设备发现了无线网络，它就会进行自动连接，这样的现象值得深思。没错，部分无线网络具有密码保护，但多数无线网络是开放的，直接连接即可使用。然而，毫不费劲就能使用他人的无线网络，确实存在风险，尤其是在早期，这一技术的安全性能非常有限。

几年前，曾有一个特别令人担忧的问题：在航站楼外办理登机手续时，机场允许航空公司的代理人员通过无线网络访问所有的关键计算机系统，对重要乘客队列进行梳理，这样的模式构建了一个特别吸引网络恐怖分子的目标。"9·11"事件、底特律（Detroit）事件都是近期发生的传统炸弹袭击，航空公司在全球运营着的复杂的电子网络遭到袭击的危害或许更大。

例如，美国航空公司在美国250个机场都部署了无线系统。在最初的几年，这些系统完全未进行加密，任何人都能监控这一系统的无线信号。在代理人员登录到各个系统时，跟踪其击键情况，窃取密码进入系统程序。

这一现象不仅让商业系统运作面临险境，也给航空公司的运营带来了实际问题，且还意味着关键信息的失密。企图劫持飞机的恐怖分子可以较容易地找到一些关键信息——例如，机上的空警是谁。这一系统甚至能让恐怖分子操控登机数据，删除未经过安检的行李包的信息，或者更改乘客人数，隐藏未通过安检的额外乘客。

航空公司发现了这些风险后，采取了措施，确保他们的无线通信不再那么容易被入侵。但与此同时，仍有许多无线网络处于未保护状态，其中一些无线网络覆盖的区域甚至有可能允许开放访问，这样的部署方式必然存在安全风险。

在这方面，公众最担心的是网络恐怖分子可能会入侵负责核武器的军用电脑，发动第三次世界大战。这就是1983年的电影《战争游戏》（*War Games*）中的一幕——一个十几岁的孩子访问了一台国防部的电脑，他一直以为这只是一款游戏，最后差点引发了世界大战。显然，在现实中，这种过于简单的攻击不会成功——自美国军用网成立以来，大多数安全级别较低的军用计算机一直处于离线状态，而安全级别较高的计算机通常也不连接互联网，因为部队没必要使用商业网络进行他们的活动。

原则上，只要不将计算机与其他东西连接，就能避免受到黑客攻击。对于大多数系统来说，都能通过这样的方式规避风险。不过，一些军用计算机可能会遭到经由光缆这种更直接方式发起的网络攻击。事实上，网络攻击造成核灾难这样的故事情节，只可能出现在好莱坞。

我们不会停止通讯，也不会停止使用信息技术，这些技术已成为了人们日常生活中不可或缺的一部分。但是，那些管理我们的基础设施和国防关键系统的负责人，他们必须有危机意识。

当然，人类在其他方面也可能面临威胁。或许，人类面临的最微妙危险，我们不再被称为人类——生物技术的发展猛增，它能给我们带来某些更好的东西，甚至将我们取代。

8　人类不再

尔来久之，人脱蛮相
盖有薪火，以暖相傍
离之则瑟索，故难返过往

——卢克莱修（Lecretius，约公元前96—95年）

一直有人宣称，人类凌驾于自然界之上，如本章开头所引用的这位罗马哲学家的语。此类言论早已屡见不鲜。在我的著作《升级自我》（*Upgrade Me*）中，我曾提到过，此类渴求自身变得更强的强烈欲望，也是我们成为人类的一部分原因。我们的科技，以及我们对自身做出的物理、化学上的改变，逐渐使我们的能力超越所有的早期人类。

这一切都源于我们具有脱离当下去思考未来的能力。当我们开始问"将会如何？"时，我们则无可避免地踏上了增强自身能力的探索之路。曾经至少有5种因素促使我们做出了类似改变：如我们今天的行为一样，早期的人类也想在异性面前表现得更具吸引力；也想延长寿命；也想增强自己的力量以保护自身免受伤害；也想更好地利用自己杰出的大脑；也想修复自己身体受到的损伤。

想一想，在以上的每个方面，我们取得了多大进步？我们让自己改变了多少？我们又让周围的环境改变了多少？就拿延长自身寿命举例，在这一领域中,包括了一系列系统的改造手段,跨越了从预防医学这样的专业活动到食物烹饪这类虽简单但有用的活动。最近,无论是在预防癌症这一致命因素领域,还是在改变我们身体中最基本的致衰老机制方面,科学界一直在为延长人类寿命作出巨大努力。

一路走来,我们于不经意间微妙地改变着人的本质。生物学家会告诉你,我们与10万年前的人类并无本质区别,智人作为一个物种并未发生生物学意义上的进化。然而,就人类的功能与能力而言,我们的躯体在各种增强功能辅助下的工作方式而言,我们已成为了人类2.0版——一个全新的物种。

我们渴求使自己变强,这本身并无过错。不夸张地说,若无此渴求,我们将无以为人类——因此,放弃变强的欲望毫无意义。有些人认为,我们需要有人站出来说:"停,够了,我们不想让人类再有任何发展。"说出这种话的评论家,真不懂人因何而为人,他倒不如说:"停,我们不想让任何人再继续呼吸,这会污染环境。"然而,在增强自身这方面,我们的要求越来越迫切,最终或有可能将人类自我毁灭。

还有一种可能:我们不断尝试从本质上提高人体素质,却最终导致了医疗灾难的发生。我们可以设想此种情景,比如,有一种非常流行的化妆品,但它却会在全球范围内导致人体免疫系统崩溃;或者有一种普通的日常药物,但它却被证明具有巨大的长效破坏性副作用。不过,任何一种产品都不太可能获得足够大的市场渗透率,大到能对地球上的人口产生真正毁灭性的影响。而那些具有广泛影响力的产品,通常在设计时就完成了大范围的测试。

在医疗灾难中,还有一种微妙的情况——某些现有的病毒或其他某些疾病,其本身并不会造成大量人类死亡,由于某种新产品投入使用使人体发生了改变,使这些病毒或者疾病开始对人类产生大量伤害。在这个例子中,这一新产品将原来不那么危险的事物转变为了危险的事物。

我们永不可能百分百地确定我们的医疗或消费产品会给我们带来何种影响。20世纪50年代末,沙利度胺(thalidomide)这种药物被广泛使用，它抑制孕吐功效强大，但其副作用却给人们酿成了一场悲剧。当时，有 10 000~20 000 名儿童因母亲孕期服用沙利度胺而致出生缺陷。

这是一个可怕的事故，不过，这也反映出无意间造成的大范围灾难并不会将大多数人类消灭。若有某种药物能造成大范围灾难，那么，首先要满足以下条件：世界上服用此种药物的人，在数量上必须非常庞大。但矛盾的是，若此种药物在世界范围内实现了这样广泛的应用，如阿司匹林，它一定经历过反复测试，故应更加安全。

当然，针对人类自身进行的提升，并非全部无害。现已有一种技术能提高我们身体的能力，但仅在美国，每年就有 45 000 人因此项技术丧命，在世界范围内，这一人数超过了 100 万。实在难以想象我们竟会容忍致死率如此高的产品存在，然而，事实是我们容忍了。哪怕它的致死率是如此之高，依然成为了我们生活中不可或缺的一部分，没有它，我们谈不上增强。此外，它不只会致人死亡，还会破坏环境。

这个肆无忌惮的杀手就是汽车（或者，更准确地说，公路交通工具）。即便拥有如此高的死亡率，我们也未看到人类处于濒临灭绝的边缘（除非将气候变化同样纳入考虑）。但有人认为，若我们继续这样"升级"，那么，原始的未经改造的人类将很快不复存在。

这一说法讲述的就是预言家雷·库兹维尔提出的"奇点"（Singularity）。奇点这一概念由库兹维尔根据科幻小说家弗诺·文奇（Vernor Vinge）在 20 世纪 80 年代首次构思的概念而提出。文奇预言："30 年内，我们将拥有一项科技，创造出超人类的智慧物。此后，人类时代将终结。"按文奇的预言，现在这项技术应该已出成果，但事实上他高估了科技的发展速度。库兹维尔认为，"奇点"可能会于 2040 年出现。然而，这样的可能性似乎也不大。

在此类对人类未来的憧憬中，人类将与计算技术融合，形成一种新的生命形式，一种独特的杂交物种，其思维能力将得到大大增强，普通人类则会被时代遗弃。这种新的智能生物可能会在未来拥有一个生物与电子科技混合而成的大脑，但随着电子功能成倍地增强，这种智能生物或有可能完全抛弃其生物性质。

若以一种冷漠的角度看待生命的本质和人类的本质——无论何种人类与计算机混合形成的物种，都不可能满足于于肉体自身的生物功能。它会逐渐地将人体不太有用的生物部分替换，随着技术的改进，我们身体会有越来越多的生物功能被替代。也许，我们会被人造替代品或生物和机械的杂交物种超越。

早在1995年，英国电信公司（BT）新技术实验室的三位科学家就提出了完全抛弃生物功能的概念，他们对"人类未来进化"进行了推测。伊恩·皮尔森（Ian Pearson）、克里斯·温特（Chris Winter）和彼得·科克伦（Peter Cochrane）曾设想，"至2015年，计算机技术和机器人技术将变得非常先进。届时，会出现一种机器人，其各方面的能力都将超越智人。他们把这种机器人称为'第一机器人'（Robotus primus）。"

与此同时，他们认为，以后的人类会在身体上安装电子设备，身体机能将得到极大的增强，成为一个新物种——"赛博体"（Homo cyberneticus）。但他们认为，第一代半机械人只是向"融合体"（Homo hybridus）的过渡，融合体在生物性能会有进一步的提高，同时具有计算机能力。（在1995年，人们并不知道基因工程领域会在随后超越人类与机器交融的领域。）当时，他们认为融合体存在的时间不会太久，因为随着电子设备不断发展，融合体身上的普通生物机能将会很快落后于电子机能，电子部件在结合体身上将占据绝对优势。皮尔森、温特和科克伦设想，"2100年，或者2150年，人类将抛弃肉体，完全电子化，成为'机械体'（Homo mahinus）。"

这一新物种将与我们所知道的任何事物都大相径庭。用三位来自英国电信的科学家的话来说，"未来的公民将看到一种比现在聪明得多的生物，且拥有前所未有的身体机能。它能以光速飞行，瞬间到达多个地点，且几乎不朽。他们会与第一机器人和平共处，我们可以预期，二者能密切互动，并能很快融合在一起。"

他们还设想，大多数人会拒绝对身体机能进行增强，他们更愿意以最原始的模样与那些增强过的物种共同生活，这一情形与早期尼安德特人（Neanderthal man）与智人共同生活的状态相似。但很不幸，英国电信的这几位预言家预言，这种和谐共处的情景不会持续太久，而那些剩余的智人〔几位预言家居高临下地称他们为"勒德体"（Homo ludditus，指不愿接受机械化的人类）〕会被其他几种融合后的人类逼向灭绝。

若将这一画面与尼安德特人的处境进行比较，会发现一个非常有趣的现象。尼安德特人是第二种与智人共存了数千年的人类物种，最近的研究又有了关于尼安德特人的新发现。科学家通常认为，尼安德特人是类人猿，他们多毛且不聪明。但从新证据看，尼安德特人可能皮肤白皙，看起来更类似于现存人类而非类人猿，他们的语言和智力皆已发展到一定的程度。长久以来，人们一直认为，尼安德特人是被残忍好胜的智人消灭的。但现在看，尼安德特人只是比较缺乏灵活性，更固守自己的生活方式，故而未能在生活方式上作出必要的改变，没能在上一个冰河时代生存下来。也许，面对一个新的混合人种，未来的智人可以从尼安德特人的经历中吸取教训。但对于活在当下的我们而言，在短时间内，这似乎还很遥远。

现在看来，英国电信科学家设想中的时间框架与弗诺·文奇设想的时间框架相同。他们的设想均脱离了现实，但其中的发展进程却的确有一定逻辑性。尽管这种未来的半机械人并不会像《星际迷航》中的博格外星人（Borg alien）那样采取"蜂群思维"，但他们可能会像博格人那样热衷于同化其他生物，或至少倾向于首先剥夺未改造人类的各项权力和技能，再剥夺他们的生存空间。在这一过程中，新兴人类并不一定持有恶意，他们的身体机能优于其他种族，他们要与其他人类竞争地球上的有限的资源，就足以促使上述情况发生。因此，随着时间推移，他们终会逐渐占据主导地位。

然而，我们即将被半机械超级人种取代吗？在我们所有人为之感到恐慌之前，我们有必要从历史中吸取一些教训——作出此类预言的人，似乎多数都是根据科幻小说的指导在思考，但事实上，在某些时候，既往的经验或许更有用。科幻小说并不是可以预见未来的"神谕"——"科幻"二字中的重点在"幻"。

假若未来的纯正人类真被电子混种人逼至绝境，那么，对此产生疑虑时，我们需要进行第一个考量：我们"升级"了自身的能力，但并不意味着我们会失去对此类"升级"的控制，也不会导致"升级"后的人成为"非人"。我们现有的升级方式，如汽车、电脑等，相比人类自身，这些工具会有更强劲的动力或更强大的计算能力，但我们却非常确定，这些工具依然在我们的掌控中，它们必须服从于人类意志。因此，"在未来的提升过程中，人类将会失去对这些提升的控制"，这样的说法或许并不那么可信。

库兹韦尔对未来的预言中还存在另一个问题，他所预言的未来科技总是向危险的方向发展。他认为，将来会出现一种具有智慧与意识的科技，这一科技会进行谋划，欲在较短的时间内（大约在 2040 年）对初级人类进行替换。他作出这一预言的原因，是因为目前的信息技术在能力上正以指数形式快速发展，以爆炸式的速率变得越来越强大。

我们见证过的科技发展，通常都是这样的模式——但有时，科技发展也会突然进入停滞期甚至出现逆转趋势，而那些预测奇点的人显然从未注意到这样的现象。例如，当前人工智能和机器人的发展速度与我们在基础信息技术领域的发展速度完全不同。就开发出真正有思维的机器人这点而言，即使其今天的进展速度能与提高计算机处理器的速度一样快，我们也不能保证它们将来仍能以同样快的速度继续发展。

科普作家达米安·布罗德里克（Damien Broderick）指出，人类的出行速度已经改变，计算技术和机器人的发展速度也会如此改变。人类出现后的数百万年间，一直只依靠双脚在周边活动且无别的选择；数千年前，我们通过骑马或其他动物，提高了少量速度；200 年前，我们发明了蒸汽机，我们出行的速度得到了极大的提升，我们能坐汽车、乘飞机，甚至是火箭。

这一言论非常吸引人，但却漏洞百出。我们确实在1957年实现了火箭飞入太空这一壮举，但事实上，我们在这方面的进展速度并未继续以指数形式增长。1957年至今，我们应早已构思出了某些更快捷的运输方式，然而我们并未做到。诚然，我们对宇宙飞行确实做出了一些细微调整和技术性改进，但我们并未开发出更快的具有革命意义的运输方式，运输的发展仍停滞在1957年。

普通老百姓从未有人乘坐火箭旅行，对普通老百姓能搭乘的交通工具作比较，才真正具有意义。对普通人来说，上一次出现出行速度的大幅提高，发生在20世纪70年代初，协和式超音速商业客机问世的时候。协和式客机的速度达到了每小时1 300英里（每小时2 000千米），是传统喷气式飞机速度的2倍。然而，此后，我们出行的速度非但没有提高，还在协和式飞机退役后回到了30~40年前的速度水平。

我们疯狂地追求自我提升的行为的确会给我们带来风险，但相比我们作为人类所面临的其他风险小很多。那些预言奇点的人，他们对人类本性的认识有误，因为他们以生物学家的视觉看待我们，认为我们只是1.0版的人类。但从目前的证据看，他们所设想的"升级"最终将人类消灭的可能性依然很低，这些"升级"只会持续地对智人的能力进行渐进式的改造和开发。

数千年来，虽然我们一直使用着某些增强人类能力的技术，但或许我们仍未研发出可能会给人类带来恐怖灾难或毁天灭地的增强技术。因此，未被增强的普通人类受电子人或人工智能淘汰的可能依然遥远。展望未来，我们所面临的威胁不仅来自科技，也可以来自自然界。

9　未来的恐惧与自然的陷阱

预言亦或颇为困难——尤其是关乎未来的预言。

——尼尔斯·波尔（Niels Bohr, 1885—1962）

我们之前探讨过，一些科学领域或许会在未来的某个时间给我们带来灾难。除此之外，还存在另外两种因素也具有同样的可能——自然灾害和人类活动对地球造成的影响。有时，这两个因素相辅相成，相互关联。尽管人类活动不太可能使小行星撞击地球，但却很可能引发地震灾害。人为因素是否能导致严重灾害？历史一直警示我们，总有一系列的自然现象在酝酿，欲在未来的某日，给地球生命重磅一击。

发生人类大范围毁灭的第一种较大的可能性，历史已有前车之鉴。通过对当时那场大规模灭绝现场的调查，依靠我们对铱元素的了解，我们解开了远古时代的那次物种灭绝之谜。与地球岩石中的铱元素含量相比，陨石中的铱元素的浓度更高（高很多），地球上的铱元素主要集中于地心熔核层。在陨石中，尤其是"球粒陨石"（chondritic）（结构为颗粒状）中，铱元素依然保持着太阳系刚形成时的丰度。

1980年，由路易斯·阿尔瓦雷斯领导的团队研究了沉积黏土，这些黏土在大约6 500万年前沉淀形成。这一团队之所以对这个时间兴趣浓厚，因为这个时间点也称"K－T界线"（K/T boundary），大约处于白垩纪与第三纪之间,恰巧是恐龙大灭绝的时期。在这一时期的沉积层中,铱元素的含量比正常预期的多很多,也即,这一时期发生了非常大的陨石或是小行星撞击事件。

这一时期的沉积层铱元素含量表明,撞击地球的小行星的直径应超过了6英里(9.7千米)长。这样尺寸的小行星撞击足以扰乱全地球的气候模式,使气候发生巨变,因而导致了恐龙灭绝。这不是第一颗撞击地球的小行星或彗星,也不会是最后一颗,这种威胁一直存在,但直到今天,我们才陡然惊觉。

最近的一次较大撞击事件发生在1908年西伯利亚的通古斯河(Tunguska)。这次事件并未留下陨坑,一些人因此欲将此撞击事件掩盖在神秘面纱之下。但科学界普遍认为,一颗地外星体——很可能是彗星——在通古斯河平原上空爆炸,将数英里的森林夷为平地,地形同样支离破碎。若这次事件发生于市区,那么,其影响将与核爆炸的冲击波相似,不同之处只是前者不会留下放射性落下灰。

每年均有1/500的概率会发生通古斯河那样甚或更大的撞击事件,这一概率虽然不大,但也不小。据估算,行星撞地球时,只有1/4的概率会造成人员死亡,而这一事件要造成超过10 000人的大规模死亡的概率只有1/17。这一极低的概率同样反映出,大部分地球表面要么深藏于水下,要么荒无人烟。但即便如此,人类在这一事件中发生大规模死亡的情况仍会发生,同时,如果撞击地球的物体足够大且击中海面,撞击会引发一场大海啸。这种大海啸造成的破坏程度丝毫不亚于直接撞击。

尽管正在进行的一些小行星研究确能将警报时间提前数日,让我们知道太空碎片即将撞击地球,但我们在观测范围方面以及观测时间方面进行的此类研究仍非常局限。现在,有人正计划,在设计修建未来的天文台时,要使其能为我们提供更好的观测范围。但就目前而言,在毫无预警的情况下发生小行星撞击事件的可能性完全存在。

如果小行星撞击地球事件真实发生,很可能会被误认为有人在发动人为攻击,这样的判断通常会发生在厘清事情真相之前。于是,误判者

9 未来的恐惧与自然的陷阱

可能会发射导弹进行报复,最终升级为核战,引发一世界浩劫,进而演变为世界末日之类的噩梦。

某些电影会让我们认为,小行星撞击地球不会带来什么问题。这些电影告诉我们,人类只需使用核武器就能将撞击地球的小行星炸个粉碎。这正是氢弹爱好者爱德华·特勒秉持的观点。然而,小行星爆破却会带来一些实在的问题。首先,要实现这个过程,我们还有许多技术尚未过关。目前,我们还未拥有能将旧型核武器弹头带入太空并发射向小行星的技术。因为,无论是核弹,还是携带它的火箭,都未曾以此为目的进行特别设计。

其次,还存在一个更糟糕的问题,许多科学家认为,核弹只能将小行星炸为大块碎片,而这样尺寸的碎片依然能给地球带来破坏,分散状态的碎片会坠落于地表的不同地方而非只撞击某处。

最后,还有一个小问题,现有一项条约——禁止人类在太空使用核武器。不过,若人类必须在太空使用核武器才能继续存活,此项禁令的废除应该不难。

实际上,我们最希望做的事情,并非改变小行星的路线以规避撞击,而是希望能建立起更好的警报网络机制,使我们能提前数天为撞击区域附近的人提供警告,给予他们足够时间撤离。但倘若我们面临的是使恐龙灭绝的行星撞击那类事件,上述警告将无济于事。那一类撞击所带来的影响将笼罩全地球。不过,就今后数百年间可能发生的行星撞击而言,一个好的警报系统还应当能预报撞击后果。

外太空星体撞击地球可能带来的结果中,有一项避无可避——撞击后的继发地震。但实际上,能引发地震的因素绝不仅是行星撞击。地壳的自然运动就能带来大灾害。一些外行人或许会认为,地球表面坚固且不可移动,然而,人类对地球表面运动的观察时间极为有限,从更长远的时间范围来看,有关地表运动的事实绝非如此。

地球的外层漂浮于炙热的"液体"之上。如果你看过描写国际空间站(International Space Station)的电影,应见识过漂浮于空中的小液滴。

想象以下过程,有一颗巨大的液滴漂浮在太空,其外层形成了一层坚硬的外壳,并分裂为几个板块,包裹于外壳内的液体在对流,这一对流活动使这些板块发生位移。如果这些板块在移动中发生了碰撞,某个板块将另一板块向下挤压,将形成一个巨大的作用力。这就是地球的构造,板块之间的碰撞将导致地震。

地震会给人类带来双重冲击。首先是直接破坏,通常是使房屋倒塌,如果地震发生在海洋区域则会引发海啸,这一情形我们稍后再作讨论。许多地震的影响相对较小,因为大部分地震的力量较小,所以不会引起一般人注意,但有一些地震却是名副其实的灾难。中国至少发生了两次死亡人数达 10 万的地震;2010 年 1 月 12 日,在海地(Haiti)发生的地震中的死亡人数达到了 20 万。

尽管对地震的记载古已有之,但我们直到最近才明白何为地震。曾几何时,人们以为地震是地面上的"雷动"并将其归结于神灵所为。直到 18 世纪,才有人真正想去弄懂这些怪力乱神究竟为何物,而这人却居住在一个鲜少发生地震的国家——英国。

18 世纪 60 年代,那位曾经提出过黑洞学说的科学家、天文学家、地质学家约翰·米歇尔(John Michell)提出,"地震可能由地下蒸汽导致。"他作出这一推断并非偶然,因为当时的英国正值第一次工业革命时期,人们逐渐认识到了蒸汽的力量,开始在矿业中采用蒸汽泵替代人力泵。蒸汽所能提供的动力远胜所有人类和动物的力量。米歇尔认为,正是地下形成的蒸汽致使地壳震动,因而引发地震。

米歇尔推测的地震成因也许有错,但他确实想到了或许是地球表面的震波导致了地震。当时的其他一些人认为,地震是月球影响所致。直到 20 世纪,出现了大陆漂移学说并逐渐演变为板块构造理论,才形成了一个有说服力的解释——地球板块移动并相互碰撞导致地震发生。

如果我们要规避地震导致的重大灾难,首先需要知道地震通常在哪些地区发生,然后在那些地区建造抗震建筑。此外,我们还要能预报地震,才能将人员从危险区域尽可能多地疏散撤离。

9 未来的恐惧与自然的陷阱

今天的我们可以自信地说,我们在这方面已做得越来越好。对地震易发区的分布,我们已有了深入了解,甚至了解一般情况下的地震发生概率。在一些地震易发区(如日本),人们也花费了大量精力建造高抗震建筑,所以他们的房屋不会在地震时垮塌以及将人困压在内。但在较贫穷的国家,许多房屋依然不能达到预期的抗震等级,更别说期望这些房屋去抵抗大地震了。

在地震易发区,尽管我们建造的房屋越来越妥当,但我们依然需要地震来临前的预报工作。如同天气预报一样,对地震进行预报时,预测时间同样不能超过某个范围。从数学角度看,地球天气杂乱无章,即使初始条件仅发生微弱改变,数日后的天气也可能相去甚远。过去数年间,在精准预报短期天气方面,科学家们取得了长足的进步,但我们或许永远也无法见证人类有能力精准预报数周之后的天气。

类似地,虽然我们能较为准确地及时预报数小时之后可能发生的地震,但我们绝不可能精准地预报数周以后的地震发生情况,这样的情形与心脏病突发(心脏病的发生状况也非常不规律)很类似。某些地震的确会发生前震,可作为预警,但同时也存在没有前震即发生地震的情况。今天的地震预报确实挽救了一些人的性命,但也有很多预报中的地震并未最终来临。若地震预报的准确度一直维持这样的低水平,那么,人们会像听"狼来了"的故事那样忽视地震预报。目前,人类在地震预报方面已投入很多资源,但问题能否解决至今尚无定论。

另一项对人类生命有极大威胁的地理现象是火山喷发。火山喷发时,火山内部的岩浆、熔岩都将在压力推动下喷薄而出。火山喷发可以是一个平缓的过程,也可以爆发于瞬间。通常情况下,火山喷发是由于地下水在岩浆的温度下瞬间达到沸点而冲破地表某个部分所引起(这与米歇尔的地震机制理论惊人地相似)。

地球上一直存在火山——据估计,世界上目前大约有 1 500 座随时可能爆发的火山。火山喷发过程中,最危险的因素通常是熔岩流,所以人类有机会逃出险境。但火山爆发后,成吨的火山灰或于瞬间将人群淹没，这一景象可以在像意大利的庞培城（Pompeii）与赫库兰尼姆城（Herculaneum）那样的遗址上得到考证——公元 79 年，维苏威火山（Mount Vesuvius）爆发，埋没了这两座城市。现在，这两处遗址的保护非常完好。

今天，即使相对较小的火山喷发也能致人死亡并引发混乱。1980 年，华盛顿州的圣海伦火山（Mount St. Helens）爆发，导致 57 人死亡。但在事实上，政府当时给出过警告，人们有充足的时间撤离至安全区。而另一极端事件是 1883 年的喀拉喀托火山爆发，这一事件导致了约 35 000 人死亡。1815 年印度尼西亚松巴瓦岛（Sumbawa）火山喷发事件，死亡人数达到了 50 000 人。

火山与地震不同——火山有已知的、特定的观察目标，人类能更好地预警火山是否有爆发的可能。如今，高危地区已使用了一整套监测技术，比如利用小型爆炸制造震波，借此追踪绘制地球内部岩浆的运动状况，导电率和磁场的变化可以为我们作爆发提示。同时，这些变化本身也能造成火山体外层发生细微的起伏运动，这样的运动状态颇似卡通片里的描述——火山变得气鼓鼓的，似乎即将爆发的样子。

日本的火山活动频繁，故而，日本科学家研发出了最新的火山监测技术。他们利用了一种名为"介子"（muon）的短命粒子监测地下情况。介子由宇宙射线（从宇宙深空发射而来的高能粒子）与上层大气碰撞时产生，寿命很短，鲜少能到达地面。介子的运动速度极快，可采用狭义相对论对其理解——由于介子的相对速度极大，故其经历的时间变慢了大约 5 倍。因此，有足够的介子可穿透火山，人们可以利用它们监测火山内部的岩浆量——介子穿透火山的百分比取决于火山内部的物质质量。

尽管普通火山会造成破坏，但与超级火山相比却是小巫见大巫。在规模上，超级火山俨然不同于普通火山，其中有一座超级火山就坐落在怀俄明州（Wyoming）最著名的自然景点——黄石国家公园（Yellowstone National Park），此座火山有随时爆发的可能。

这座超级火山的遗迹,由美国地质调查局(U. S. Geological Survey)的鲍勃·克里斯蒂安森(Bob Christiansen)于20世纪60年代发现。这座火山就是一个典例,它说明,某些东西太大也可能难以被发现。黄石国家公园的地热活动产生了著名的间歇泉,这些地热活动也暗示着附近有火山。克里斯蒂安森好奇的是,火山口在哪儿?一次偶然的机会,他看到了NASA给公园拍摄的高空照片,他发现黄石火山的火山口——最近一次爆发所留下的坑——非常大,所以一直未被人发现。这个火山口的大小为35英里×45英里(55千米×70千米)。

像黄石火山这样的超级火山(随后,世界上又发现了大约6个类似火山)喷发时的规模非常惊人。倘若黄石火山再爆发一次,它或许能毁掉方圆数百英里范围内的一切事物。这座火山最后一次爆发发生在大约64万年前,黄石火山产生的火山灰足以覆盖整个加州,且堆积起来可达20英尺(6米)之厚。实际上,当时被火山灰覆盖的地区相当于现在的19个州——美国密西西比河(Mississippi river)以西的大部分地区。若这样的火山爆发于今天,撇开其直接的致命影响,它还会为这19个州带来大量的火山残骸清理工作。直至清理完毕,这片大地才能大致恢复正常。

如喀拉喀托火山的影响在世界各地都能感受到一样,大型的超级火山爆发的影响绝不局限于直接区域,还会给周遭带来破坏。黄石超级火山爆发距今已有63万年的时间,不过,在那之后的几次其他超级火山爆发我们还有记录,包括74 000年前苏门答腊岛(Sumatra)的多巴火山(Toba)爆发。那次的爆发,火山灰散布于大气,阻碍了阳光照射,使当地经历了长达6年的寒冬。若地球气候也将经历此种变化,则农业将遭到彻底摧毁,这样的灾害或将导致10亿人死亡。

我们或许很幸运,此类超级火山并不经常爆发。否则,地球上的生命种类也不会呈现出如此的复杂性。然而,我们并非可以因此而松懈、沾沾自喜,因为我们无法预测下一次超级火山何时爆发。不过,我们的确知道超级火山爆发的大致频率,黄石超级火山大约每60万年爆发一次。所以，下一次超级火山爆发随时可能发生（地质上的"随时"，也可能是数万年之后）。

超级火山爆发非常可怕，但在我们有生之年，超级火山爆发的可能性不高。我们无力阻止它的爆发，应对这种规模的事件时，我们能做的准备工作也微乎其微。然而在地球上，每年还会发生很多其他的自然事件会给我们带来巨大破坏，比如风和浪的一些自然现象。我们应当学会应对飓风（hurricane）和海啸。

何谓飓风？许多人对此存在困惑。飓风是一种从海上升起的强大风暴，这一风暴将形成巨大的、缓慢旋转的螺旋，螺旋直径通常可达20～30英里（30～50千米），现在已知的最大宽度可达300英里（500千米）。北半球，飓风通常呈逆时针自转；南半球，通常呈顺时针自转。飓风通常是在登陆之后才会最终消散，而在此之前，它能持续存在并移动长达数日甚至数周。

虽然在气象卫星图像上，飓风不难观测，但它们的破坏路径却很难预测，因为它们很可能会突然转向甚至可能折返回原处。飓风在世界不同地区被赋予了不同的名称——在北大西洋、加勒比海和太平洋部分地区，它们被称为"飓风"；在印度洋周围，它们被称为"气旋"（cyclone）；在太平洋其他地区和中国海域，它们也称"台风"（typhoon）。这些名字并无区别——它们都指向同一现象。

飓风可能会导致大规模的死亡——事实上，它们比其他任何自然现象导致的死亡人数都多。2005年的卡特里娜飓风（Hurricane Katrina），清楚地说明了即便是美国这样高度发达的国家，飓风产生的破坏也是巨大的——飓风消散后，在新奥尔良留下了一连串的悲剧与毁坏。飓风将城市中大约80%的地区摧残为废墟，造成了1 500人死亡，数千人无家可归，这还是发生在政府向居民给予了充分撤离警告的情况之下。

要说真正有杀伤力的飓风，我们需要将时间回溯。1970年11月，一场气旋袭击了当时的东巴基斯坦（East Pakistan），即现在的孟加拉国。受时速150英里（241千米）的大风袭击，沿海广大低洼地区被20

英尺（6 米）高的巨浪淹没，巨浪一夜间覆盖了全国 20% 以上的土地，许多人都措手不及。由于未发出警报，也没有机会逃跑，当时有近 50 万人丧生。

飓风易于被监测，特别是在现代气象雷达和卫星监测的情况下。但困难在于，它们的路径难以准确预测，故而难以将准确的警告发至受灾区。很多时候，人们可粗略地预测飓风路径，但突然转向的问题却很难预判，这需要我们对数据持续监测和更新。在孟加拉国等地区，由于手机和其他现代化技术的普及使用，通信方面得到了大大提高。但人们逐渐认识到，要在一场大飓风中存活下来，结合通讯技术作大规模疏散的效果并不好。当地居民建造了一些混凝土庇护所，而这些庇护所在最近几场风暴中挽救了许多生命。

通常，飓风造成的大部分破坏由风暴潮造成，高速的风暴迫使海水上升，冲破一般的防御工事。此外，还有一种不同类型的海浪——海啸，也称潮汐波。海啸通常由水下地质活动（地震或火山爆发）引发，也可能由陨石撞击海洋造成。与被风卷起的波浪不同，海啸是个单一的波阵面，它是一堵巨大的水墙，以排山倒海之势前进，无可阻挡，摧毁人类建筑轻而易举。

2004 年 12 月 26 日，东南亚发生了近代以来最严重的一次海啸，印度洋沿岸国家大约有 20 万人丧生其中。2009 年 9 月底，另一场海啸袭击了萨摩亚群岛（Samoa），虽然规模小于 2004 年，但仍对当地居民造成了毁灭性的影响。一些国家已尽其所能地减少海啸的影响。例如，日本已建造了特殊的海岸围墙，其他一些有危险的地区选择在海岸线上种植树木，试图降低孤立波（solitary wave）的影响。

一些国家（仍是日本和美国）有较高级的海啸预警系统，监控着海啸的潜在来源并发出警报，以帮助人们及时撤离海岸。一些例子表明，在海啸袭击之前，海滩上已能看到明确的警示现象——海水中有气泡冒出或散发出奇怪的气味——告知人们应迅速撤离至安全的地方。通常，海啸来临前，海水会退潮。这样的预兆也许不能提供太多警示，但仍好过毫无警示。不过，就目前而言，海啸风险最大的往往是较贫困的地区。这些地区很难得到足够好的预警以通知居民安全撤离。

此类极端天气和地震事件可能会引发许多悲剧，但这些极端情况至少是常见事件，人们理解并不困难。即便是来自外太空的流星或是彗星，以岩石或冰块的形态撞击地球，人们对其理解也较为容易。然而，外太空还存在一些更为隐蔽的自然威胁。我们望向天空，最担心的或许是太阳会变成新星（Nova）。"Nova"在拉丁语中的意思为"新"，含义是某颗新星成为夜空中可见的新恒星的那一刻。早期的天文学家偶尔会惊奇地发现一颗以前从未见过的恒星，通常，这颗恒星会在一段时间后变得更亮直至最后消失。

现在我们知道，新星是一颗爆炸后的恒星，它闪烁着无与伦比的光芒。因此，从地球上可以突然地看到它，然而在爆炸之前，它的光芒微弱，地球上的人几乎不可见。在这个过程中，爆炸的恒星会吞噬周围的所有行星。因此，若太阳变成新星，地球也将不复存在。宇宙中，光的速度最快，太阳爆炸后产生的光需要8分钟的时间才能到达地球——短短的8分钟时间，我们察觉不出任何异样；8分钟之后，当我们看见强光的瞬间，所有生命都将灰飞烟灭。

准确地说，太阳爆炸，她会变成超新星（supernova），而非新星。这样的说法，是由于这些年"nova"这一术语发生了变化。最初，"新星"只是一个新的恒星，突然亮起来的任何恒星；现在，"新星"特指另一种恒星，白矮星（white dwarf）。它可以从另一颗恒星白矮星的双星伴侣（binary companion）那里吸取物质时，两颗恒星会像地球与月球一样，彼此环绕旋转。白矮星从伴星吸取到的物质（主要是氢气）会形成一层薄薄的高压层，最终这层气体会像巨大的氢弹一样发生热核爆炸。

在这个爆炸过程中，只有白矮星的外层会消散。通常情况下，白矮星会继续从伴星吸收更多物质，再次形成一颗新星。这一情形显然不会发生在太阳身上，因为太阳不是白矮星且没有伴星。然而，没有伴星，正是发生更具毁灭性的超新星爆发的条件。

恒星会发光，是因为恒星内部不断发生着核反应。但在恒星老化的过程中，若恒星质量产生的重力超过了核反应产生的外向膨胀力，恒星将坍缩。随着坍缩发生，恒星内部压力增加，此时可能会发生之前无法发生的额外的核聚变过程，如碳聚变。在此之前，恒星中只有一小部分物质具有适当条件完成聚变过程，现在，恒星中将很大一部分物质具有了聚变条件，并同时经历聚变。这时，会发生巨大的恒星爆炸。如果太阳发生了这样的爆炸，那么，整个太阳系必将于瞬间被摧毁。

只有特定种类的恒星会在其生命周期的特定时刻变为超新星，但太阳并不符合这个条件，对我们来说这是幸运的。成为超新星，要么恒星存在的时间足够长，要么恒星的质量足够大。在太阳会给我们带来任何灾难之前，它或许还能存在数十亿年的时间，但这并不意味着我们可以完全免受来自宇宙深处的攻击。

这听起来像是 B 级片（译注：B 级片指拍摄时间短且制作预算低的影片）的情节，但我要谈及的并非外星人的入侵问题（此问题我们稍后考虑）。我们所面临的危险来自伽马射线暴（Gamma-Ray Burst），这一词听起来就很恐怖。

伽马射线暴可能是恒星坍缩却又无法形成超新星时产生的一种副作用，我们目前尚不能确定这一爆发发生的确切原因。目前，学界提出了很多理论，但仍为其真正成因而争论不休。部分人认为伽马射线暴的成因与恒星坍缩、黑洞蒸发相关。但到目前为止，我们仅知道这一现象确实存在且极为危险。

伽马射线暴是电磁波谱中威力最大的射线产生的一种强大的冲击波，且持续时间极不确定，一秒到持续一小时，都有可能。听上去，这一现象似乎并不可怕；但事实上，伽马射线的能量极大，它能对生物体造成巨大破坏——核辐射造成的破坏，大部分可归咎于伽马射线。简言之，伽马射线就是杀人恶魔。

伽马射线暴的规模是惊人的，伽马射线暴携带的能量相当于太阳在其整个生命周期中所释放的能量总和。幸运的是，伽马射线暴并不多见，宇宙中一年时间只能发现数百次。由于伽马射线暴非常明亮，因此，人类能观察到大多数发生于可见宇宙中的伽马射线暴。按这样的数据演算，能威胁到地球的伽马射线暴或许每隔数百万年才会发生一次。

如果在距离地球足够近（数千光年以内）的区域发生了伽马射线暴，地球将遭受到非常大的破坏，地球生物的基因也同样不能避免损伤。更严重的是，地球臭氧层也会遭到破坏——伽马射线的能量进入大气层，会使氮与氧发生化学反应并形成一氧化氮，一氧化氮极易与臭氧发生化学反应。如果没有臭氧层的保护，将会有更多的紫外线穿透大气层。太阳发射出的抵达地球的光线虽然能量较低，但仍然危险——多年后，将会造成地球生物的细胞损伤，终使地球上的生命消逝。

一些科幻小说作者一直试图让我们相信，危险的射线更有可能来自来访地球的外星人的宇宙飞船上的武器。射线枪作为一种大规模杀伤性武器，其概念出现的时间非常早，第一次提到射线枪的时间可追溯到古希腊时代。

公元前287年，阿基米德出生于西西里岛（island of Sicily）的锡拉丘兹（Syracuse）。他因机械发明以及继承欧几里得（Euclid）的数学工作而闻名。阿基米德对几何学有着痴迷的热情。普鲁塔克（Plutarch）在350年后挖苦地写道，"阿基米德的仆人必须将主人从工作中拽出来，迫使主人去浴室洗澡。但即便在洗澡中，阿基米德也仍然使用烧热水后留下的柴火余烬绘制几何图，甚至在洗澡和抹油时还在自己赤裸的身体上标记线条。"

阿基米德生活在希腊动荡不安的时期——罗马人正横扫希腊领土，曾经伟大的希腊文明正处于崩溃的边缘。阿基米德是个绝顶天才，但在错误的时间、错误的地点，这份天才却遭到了葬送。阿基米德设计了战争武器，用来轰击入侵的船只，但尽管如此，罗马人依然势不可挡。

公元前212年，敌人逼近了锡拉丘兹，阿基米德有了灵感，他想利用光本身来作武器。他知道，弯曲的小镜子可以集中太阳光，点燃引火物。这种能在远距离集中太阳能的方式很适用于攻击罗马人脆弱而又易

9 未来的恐惧与自然的陷阱

燃的木船,可以在敌人还未进入阿基米德沿码头布置的抛射武器射程范围之前发动攻击。

阿基米德计划将巨大的弧形金属板固定在港口墙壁的框架上,这些令人眼花缭乱的建筑能捕捉太阳光线并聚焦,利用它可在日间会聚热量形成一个微型的熔炉。但镜子一直未能做出,或许是因为工匠们更习惯于锻铁而非进行此类精密设计,这样的建造方式太具挑战性;或许是因为这座城市在战争中遭受了重创且损失惨重,没有足够的时间和金钱建造这些镜子;或许是因为伟大的阿基米德声称自己能在不接触罗马敌人之前就能将其消灭的言论遭到了嘲讽。

也许,阿基米德在生命的最后几分钟仍在制作镜子。据某些传说,"一个入侵的罗马士兵发现他时,他正在废寝忘食地画几何结构图。他头也没抬,对着打扰他的人咒骂:'别弄乱了我的草图。'"据说,这也是他的最后遗言。士兵可没心情去容忍战败国的 75 岁老人的不礼貌行为,于是,阿基米德被无情屠杀。

自 19 世纪起,无论是热射线还是光射线,破坏性能量射线的概念一直不间断地在小说中出现。如,维多利亚时代作家爱德华·鲍沃尔-李敦(Edward Bulwer-Lytton)在《即临之族》(*The Coming Race*)一书中虚构出了一种被称为"维利"(vril)的毁灭性能量源。维利这种能量源可被用来做任何事情——驾驶车辆、发射具毁灭性的激光束等(这种激光束能将敌人劈成两半)。

真正的死亡射线(或至少是能杀死人的光)出现于 1954 年,由一堆俄罗斯科学家在研究刺鼻的气体——氨气——的活动时偶然发现。在当时的约 37 年前,爱因斯坦曾预言,氨气可能会发生一种连锁反应并发出光,他将其称为"受激发射"(stimulated emission)。

根据爱因斯坦的理论,原子中的电子被光子撞击,能达到更高能态。如果,此时再有一个光子撞击到那个电子,不只光子本身会发生再发射,还会激发高能电子释放能量,能量大小与第二个光子的能量相等。其状态如同一桶水放在了打开着的门顶上,门上的水桶被水管中的水冲击而致翻倒，泼下来的水量变为了水桶中原水量的2倍。

尼古拉·巴索夫（Nikolay Basov）和亚历山大·普罗霍洛夫（Alexander Prokhorov）发现，在不可见的微波频段，能量适当的光子能让氨气释放出更多的光子。当这些光子在一个封闭的空间内产生时，它们还能自主地激发出更多光子，这种如金字塔式传销般的发光方式，与核链式反应非常类似。最后，这一方式所产生的光与传统光源也有很大区别。受制于这种光源的激发方式，所有光波的运动彼此一致且在相位上同步。这一设备背后的机制能将微弱光源中的微波光子放大，人们称其为"受激放大微波辐射"（Microwave Amplification by Stimulated Emission of Radiation），简称"微波激射器"（MASER）。

到1960年，美国人西奥多·哈罗德·梅曼（Theodore Harold Maiman）又开发出了一种类似装置，它能工作于可见光波段。这个概念曾一度是美国物理学家阿瑟·伦纳德·肖洛（Arthur Leonard Schawlow）与另一个美国人戈登·古尔德（Gordon Gould）之间进行专利战的对象。最后，古尔德被公认为可见微波激射器（由梅曼制造）的理论创始人。古尔德将自己的概念称为"激光器"（laser），将"maser"中代表"微波"（microwave）的"M"替换成了代表"光"（light）的"L"。

与微波激射器中的氨气不同，梅曼的设备使用的是固体物质——散发深红色光泽的红宝石——发生激射。他采用了一个像巨型摄影闪光装置那样的闪光管作为激发光源。在红宝石内部，光线不断地往返通过，击中位于宝石两端的镜子。每次光束的往返闪烁，都会激发出更多的光子。两端的镜子上，其中一面只进行了部分镀银，可使部分光束逃逸而其余部分留在系统内。

由于激光的产生方式，使它与阳光或灯泡发出的光线完全不同。激光是一束能量极强的光线，它只有一种颜色，不像普通光线那样容易分散。一束激光可以发射至月球，再反射回来且依然为一束不分散的光线。能量足够强的激光还能切割金属、击毁飞机，甚至杀人——像电影《007》里的詹姆斯·邦德所做的那样。

尽管激光的确有可能成为杀人光线,但它需要"足够强的能量"。要使激光造成非常大的物理伤害,就需要消耗非常多的能量。所以,我们几乎无法见证人类使用大量激光摧毁整座城市的真实案例。但如果辅以其他未知武器,激光仍能形成威胁,比如外星人入侵的场景。外星人入侵真有可能吗?我们会被 UFO 消灭吗?

要有外星人入侵,首先得有外星人——事实证明,我们很难找到外星人。据说,恩里科·费米在 20 世纪 50 年代,曾在洛斯阿拉莫斯的一家餐厅与另外三位物理学家碰面,他们谈到了 UFO,或者叫"飞碟"。那时,他们几位刚被大众所熟悉。费米思考了一会儿后,突然说:"大家都去哪儿了?"

他当时陷入了没有外星来客的沉思。从所有关于 UFO 和外星人绑架的传说与文章来看,费米提出的问题似乎是愚蠢的,因为真相(就像《X 档案》里所说)总在某处存在。然而,所有的证据都表明,被大量报道的外星人来访,其实全是误解以及纯粹的幻想。这说明人类首次使用"飞碟"这个词时,就只描述了飞行物的移动方式(碟盘在水中跳跃时的移动方式),而非飞船的形状。自从飞碟形状的飞船出现,所有的目击事件似乎都是基于这一误解的想象。

对绝无外星人会造访白宫的草坪,费米等科学家感到惊讶。他们并非惊讶于所有 UFO 目击事件均存疑处,而是惊讶于宇宙中恒星的绝对数量。在我们所知的宇宙尺度上,能提供生命存活条件的类地行星大概率存在且还很多。我们猜想,其中一些行星上的文明在技术上可能比我们先进。至于他们为何没有联系上我们,目前有三大主流推测:其一,没有外星人;其二,外星人未找到我们;其三,外星人找到了我们,但选择隐而不现。

其一,没有外星人。确实,地球上的生命环境非常特殊,也许只有极少数行星上的生命进化超过了细菌层面——在我们的星系中,也许只有一个。(宇宙的范围极大,所以,即使其他星系没有生命进入银河系联系我们,依然不排除存在其他生命的可能。)这个推测首先得接受地球上的生命环境具有特殊性，科学家们对此持谨慎态度，因为地球没有任何理由能得到这份殊遇。

其二，外星人未找到我们。宇宙极大，还预示了另一种可能——也许存在大量生命。宇宙空间实在太大，光速为我们所知的最快速度，受制于物理学极限，外星人尚未能达到地球，未找到我们。毕竟，即使地球上的海洋，也有很大一部分是人类尚未履足过的区域。与太空相比，海洋非常渺小。

即便外星人拥有如第 6 章的纳米机器人那样的类似设备，能利用它们在周围找到原材料实现自我复制，能发射探测器飞临某行星，多次自我复制后飞到更多的行星上占据更多的星系。受限于光速的物理学极限，这些探测器必须从数千年前出发，才能穿越星系造访地球。届时，他们有大概率在"地球出现生命的周期之外"抵达，所以未被人类发现。

其三，外星人找到了我们，但选择隐而不现。外星人知道我们在这里，但他们并不想让我们知道他们的存在。也许，他们有隐形技术，能在我们之间隐形移动；也许，他们接到了某种不得进行干扰的指令；也许，他们认为我们太不讨喜或是远不如他们，不屑与我们往来。

如果第二种或第三种情况成立，那么，我们仍有可能在未来的某一时刻与外星人相遇。就像许多 B 级电影中的外星人那样，他们可能不友好（试图想要消灭我们），也可能有友好的。

如果上述想象中的探测器携带着某种星际瘟疫，或者它们的自我复制过程会无意识地毁灭地球生命，那么，它们本身就能对人类构成威胁。

多年来，我们越来越多地将自己的日常生活交到机器手中。很多作家考虑过，如果机器认为是时候让它们主宰一切时，地球会是怎样的场景。系列电影《终结者》（*Terminator*）就以此为故事背景，在科幻小说中筑就了颇高的威望。在一些故事中，电脑掌控了一切。如果计算机发展到可自我思考的阶段，并认为它们远强于我们，它们会将我们留下？

9 未来的恐惧与自然的陷阱

还是抛弃？

这与奇点理论截然不同，在奇点理论中，机器和人类共同组成了一个新物种。"机器法则"的核心理念是，从汽车到空调等我们日常使用的设备，由于人类在其中加入了更多的计算能力而变得越来越智能。随着智能化的不断提升，我们身边机器渐渐认为人类碍手碍脚，或者它们会把人类驯服，像宠物那样喂养起来。

我认为，这个问题或许不必太过担心，类似于机器人和电子人那样的有自我意识的计算机或许还很遥远。此外，通常来说，我们擅长制造具有足够安全性的机器，这样的机器造成大规模破坏的可能性不大，即使其中一些会发生行为异常。

科幻小说中，许多未来灾难集中在重要资源的损失上——水就是其中之一。正如我们在气候变化一章中所知，在未来，我们可能需要面临严重的水资源短缺问题。一位科幻作家层提出了一种威胁，这一威胁源自水，会危及我们的生存——在他的想象中，我们或许有一日会彻底失去液态水。液态水是生命的必需，液态水存在的温度区间与生命所需的温度区间吻合，其原因是水分子有种奇怪的能力——水分子像小磁铁一样相互吸引，带正电荷的氢被另一分子中带负电荷的氧吸引。

在氢键的作用下，水分子之间产生了吸引力，其力量远比你想象中的大。这一力量使水在很高的温度下才会沸腾。在海平面，水的沸腾温度为212华氏度（100摄氏度）。（沸点随气压降低而降低，气压升高而升高，这也是高压锅的工作原理。高压锅中的压力增加，意味着烹饪温度能达到100摄氏度以上。）如果没有氢键，水的沸点会远低于-90华氏度（-70摄氏度），水不会以液体的形式存在于地球——没有水就没有生命。

库尔特·冯内古特（Kurt Vonnegut）设想了夺走水的方法，正是进一步利用氢键。他设想了一种特殊形式的冰，称其为"九号冰"（Ice Nine）。这种冰非常稳定，只会在114华氏度（45摄氏度）时才开始融化。如此，地球上大多数地方的水将以固态形式存在。如果一粒"九号冰"的晶种掉进湖里或海里，它会不受控制地从海岸的一端扩散至另一端，锁住水源，毁灭地球。

幸运的是，"九号冰"并不存在（尽管这是个奇妙的概念）。但确实有一种冰会在极低的温度下形成，人们故意给它起了与"九号冰"相似的名字。不过，这种冰在室温下不稳定，对我们的供水与生存不会构成威胁。

历史上，冰确实曾置生物于危险。曾经，地球上大部分区域为一片酷热，在发生今天的全球变暖浪潮之前，地球温度就整体趋势而言已持续下降了数百万年。这种基本趋势的主要影响可追溯到5 000万年前的一次地质事件——当时，支撑印度的构造板块冲击进入了亚洲板块。

于是，随着喜马拉雅山脉和青藏高原的形成，地貌逐渐发生变化，此处地势越来越高，最终高出海平面2英里（3 218米）以上。这是一块巨大的地质结构，其面积相当于半个美国，对气候产生了非常大的影响。新的地质结构阻挡住了高速气流（jet stream）——在高层大气中环绕地球快速流动的空气带。

高速气流被阻挡后的部分效应是降雨模式改变，使该地区季风降雨的趋势增加。值得注意的是，青藏高原的升高也导致了我们当前气候变化问题的逆转。降雨在岩石上发生的反应导致二氧化碳从大气中被带走，这一现象减少了温室效应，降低了温度。

这一地质事件让地球气温整体呈降低趋势，将全世界的自然温度循环一路推至冰点以下。随着时间推移，地球轨道、自转及倾斜程度都发生了周期性变化。考虑仅由地球倾斜就造成了冬夏间的巨大气候差异，地质变化导致气温下降产生可怕的冰河时代将不足为奇。

这个现象绝非首次出现，地球曾经历过多次冰河时期。那时，冰雪覆盖了地球的大部分区域。最近的一次（严格来说，我们今天仍处于此次冰河时期的周期中）冰河时期，持续了约250万年，也是我们了解最多的一次。在这些所谓的冰河时期中，大约有80个非常糟糕，由于地球自身的倾斜与公转因素同时存在，大片冰霜覆盖了北美以及欧洲，使

9 未来的恐惧与自然的陷阱

我们今天可见的世界版图中的大部分地区不适宜居住。

冰河时期,即使冰霜未扩展到的区域也受到了影响,温带的许多生物也遭到了破坏。冰盖堵塞了河流,阻止河水流入大海,导致河水在沿海地区大规模泛滥。曾经的森林变成了冰冷的苔原,现存的物种很少能在那里生存。哪里出现了新的冰雪,哪里就会引发进一步降温。正如正反馈现在正引发气候变化一样,冰盖产生的正反馈也会对气候产生影响——冰越多,反射回去的阳光越多,地表不会变暖而会更加冰冷且形成更多的冰。

第一次发现这种截然不同的气候留下的迹象,是在一些意想不到的巨石(boulder)中。18 世纪,人们注意到阿尔卑斯山谷(Alpine valleys)中有一些巨石,这些巨石距离产生它们的天然岩石非常遥远。众所周知,冰川能携带这样的岩石移动。唯一的解释,也许是曾经的冰川延伸移动所致。随着地质科学的进步,科学家还发现了一些其他的更微妙的迹象,例如岩石的直线划痕、不同地质层的化学成分解析和化石的分布等。这些迹象表明,冰盖比现在移动得更远。所有的这些迹象都表明,在这数千年时间里,冰盖会有规律地出现,然后消退。

间冰期,就像我们现在所处的时期,冰盖消退,只在南极洲及格陵兰岛等陆地上留下残余冰盖。间冰期通常会持续 10 000 ~ 15 000 年,这似乎也是人类目前已存在过的时间。因此,直到最近,人们还在担心,我们或即将重新陷入冰河时期,新产生的冰层会令美国、欧洲及亚洲的大部分地区无法居住。

其实,人们会产生这样的忧虑,是因为大家将这种现象想得过于简单。所有证据都表明,即便没有人类造成的气候变化,我们距离下一次冰河时期的到来也许仍有数千年的时光。而人类造成气候变化或许还意味着,人类受冰河时期威胁的可能性变小。尽管如此,我们仍应意识到,在未来的某个时候,气温将再次下降,冰层将再次威胁人类的生存——即便确切的时间尚未厘清。

面对自然世界、科学技术、战争以及恐怖主义等各种潜在威胁,我们在展望未来时必须谨慎。如若情况不妙，我们极可能陷入自我毁灭。但人类仍有希望生存下去，我们必须记住，科学对人类并非有害。正如我们即将看到的，当我们打开潘多拉魔盒时，既带来了恶，也带来了善。

10　谨慎的乐观

> 只有科学才能解决饥饿与贫穷的问题；才能解决缺乏卫生设施与缺乏教育的问题；才能解决迷信以及压抑人性的习俗与传统的问题……未来属于科学，属于那些与科学打交道的人。
>
> ——贾瓦哈拉尔·尼赫鲁（Jawaharlal Nehru，1889—1964）

回顾地球过去的45亿年时光，我们会发现，那些曾给地球带来世界末日的、危及地球生命的灾难，大部分都属于自然发生事件，而非人类造成。细想，事实上，智人的存在只占到了地球存在时间的一丁点儿，上述情况将不会再令你感到惊讶。在茫茫无尽的100万年间（大多数据认为，智人出现于10万~20万年之前），我们的存在只占到了地球生命的1/4 500，而人类拥有重要文明的时光只占到了地球生命的1/1 000 000。

这意味着，到目前为止，人类还未曾经历过能导致物种大灭绝的大灾难。回顾过去，利用化石记录作为时间的望远镜，或许能推断出地球上一些大规模生命消失（即灭绝）的事件。我们已经仔细探讨过最著名的K-T事件，发生在大约6 500万年前，白垩纪过渡到第三纪，数量庞大的恐龙灭绝了。

不只是恐龙,大约50%的"属"(生物等级描述中,处于"种"以上的分类)都消失了。那一次的灭绝事件,并非所有生命的遭遇都一样,否则也不会有今天的你我。在当时,恐龙灭绝的环境中,还有足够品种的哺乳动物物种存活了下来,而我们人类最终从这些哺乳动物中脱颖而出。

地球上曾发生过至少4次大型灭绝事件,均发生于过去的5亿年间。这并非强调那5亿年时光中地球的环境有多恶劣,反而反映出化石记录作为时间望远镜的局限性。在过去,也许还有更久远之前的灭绝事件,只是留存至今的化石未曾被我们找到。我们很难通过化石记录去获取那些更早之前的信息,在相当长的一段时间里或许地球上的生命只有微生物。我们所知的最远古灭绝事件发生在大约4.88亿年前的寒武纪－奥陶纪(Cambrian/Ordovician),其次是发生在奥陶纪－志留纪(Ordovician/Silurian)的更大的灭绝事件,大约4.5亿年前,那时地球上大约57%的"属"都遭遇了灭绝。

然后是稍晚一些的泥盆纪(Devonian)灭绝事件,大约在3.7亿年前。之后是更大规模的二叠纪－三叠纪(Permian/Triassic)灭绝事件,人们也形象地称其为"大死亡事件"(the great dying)。2.5亿年前,地球上的生物系统受到过一次大规模撼动,有超过80%的"属"被灭绝,其中海洋物种的消亡率更高,多达96%。这是唯一一次对昆虫以及其他物种都有极大影响的大规模灭绝事件。在这次灭绝事件中,许多类哺乳动物、爬行动物都遭到灭绝,从而留给了恐龙以发展壮大的机会。在多个层面上看,这次事件与K－T事件恰好相反。

最后,在K－T事件之前,是三叠纪－侏罗纪(Triassic/Jurassic)事件,发生在约2.05亿年之前,这次事件中,只有不到48%的"属"灭绝。与其他时期相比,这是规模较小的一次灭绝事件,但考虑到当时所存物种中有近半数的"科"遭到灭绝,故依然是个可怕的死亡数字。这五次大灭绝只是规模极大的几次,而在这些事件之间,还存在许多小型灭绝事件。

我们再回头看看人类存在的时期,无论是冰河时期、地震,还是瘟疫,多数仍是自然事件对人类群体数量进行大量削减。但过去的100年,科学技术的蓬勃发展却让人类自身也有能力制造大规模毁灭,就像是一朵孕育恶果的花盛开了一样。

第一次世界大战造成了大约1 000万军人及超过600万平民死亡。因其令人恐惧的死亡人数以及伤亡人数在战后依然不断增多,这场"大战"被认定为"止战之战"。仅21年后,第二次世界大战的屠杀规模刷新了纪录——当时,有超过2 200万军人死亡,3 400万~4 700万平民死亡,总死亡人数超过6 000万。这种死亡规模完全能与黑死病媲美,据记载,黑死病曾在欧洲造成5 000万人死亡(14世纪的总人口显然少许多,死亡比例更高)。在两次世界大战中,科学技术充分证明了它们作为大规模毁灭武器的能力。

除了战争,工业事故也是我们的较大人为灾难。切尔诺贝利灾难可能造成了多达4 000人死亡,不过这一数字很难证实,因为许多归因于反应堆爆炸的死亡发生在多年之后。而至此时,已很难证明人员死亡的初始原因。但1984年印度的博帕尔灾难(Bhopal disaster)与其所致的伤亡之间的联系就很确定了,这次事故在当时就造成了4 000人死亡。受其影响,在随后的时间中,可能导致了多达2.5万人死亡。

美国化工巨头联合碳化物公司(Union Carbide,现已并入陶氏化学公司)在印度中央邦博帕尔市经营着一家大型化工厂。1984年12月3日晚,该厂610号储罐内装有42吨用于生产农药的危险化学品异氰酸甲酯(methyl isocyanate)遭到了污染,污染物是大量的水。至今仍无人能确定,这些水是如何进入储罐的。

水进入储罐后,与异氰酸甲酯发生了化学反应,容器内的温度飙升,温度远高于水的沸点,达到了200摄氏度。温度与随之而来的压力大大超过了储罐的承受极限。为避免爆炸,储罐自动排出气体——向大气中排放出了大量的有毒气体。当时,在工厂附近,有大约50万人受到了排放气体的毒害。

上千人死于睡梦中，还有更多的人，在奋力逃离这个区域时因吸入过量浓烟而受伤。除了异氰酸甲酯外，由于过热的化学物质与大气发生了剧烈反应，附近居民还受到了一氧化二氮、光气等一系列有毒气体的迫害。此后，联合碳化物公司支付了数百万美元的赔偿金，但坚称不对事故负责，将此归结于有员工因不满工厂而进行的蓄意破坏。无论最初的导火索为何，这场悲剧中最重要的因素是化工厂的位置。

我们使用科学技术造成的死亡并非都具有大规模的特征，但即使规模较小也不应被忽略。例如，居里夫人之死这样的小规模悲剧，以及宾夕法尼亚州三里岛部分反应堆堆芯熔毁这样千钧一发的事故。这些事件本身可能不值得被贴上"世界末日"的标签，但它们蕴藏的危险情况可能会涉及更大范围。在保护自己与他人安全方面，科学家并不能始终做到尽善尽美。

毫无疑问，科学，尤其是通过技术对科学进行应用时，会一次又一次地结成恶果，给人类带来危险。古老神话"潘多拉的盒子"，如今更为真实地摆在了人们眼前——即使多年前人们尚未构思出这个神话，今天，这个神话也已应验。如今，"潘多拉的盒子"一词已成为陈词滥调。若我们去了解一些有关这一词语最初讲述的故事，会发现，它非常适用于今天的科技。

在古希腊神话中，潘多拉相当于《圣经》中的第一个女人——夏娃，她由众神直接创造。众神还给了她一个永远不能打开的罐子，里面装着疾病、苦难等世界上的所有厄运。这个"罐子"后来成为了传说中的"盒子"，这是由于16世纪的某些粗心误译所致。在希腊语中，这个罐子叫"pithos"，我们今天说的"pitcher（壶、罐）"或许就源自这个单词。

古希腊诗人赫西俄德（Hesiod）写了一首名为《工作与时日》(*Works and Days*) 的史诗，复述了许多希腊创世神话。在这首史诗中，他提到了潘多拉的"pithos"。但中世纪荷兰学者伊拉斯谟（Erasmus）将

10 谨慎的乐观

这首诗翻译为拉丁语时，将"pithos"误译为了拉丁语"pyxis"（意为"盒子"）。因此，在事实上，潘多拉故事的最原始版本，与阿拉伯神话故事中将邪恶精灵封印在罐子里的描述更接近。

无论是盒子还是罐子，在巨大的好奇心的驱使下，潘多拉最终将其打开，她急切地想知道里面是什么。打开盖子的瞬间，所有的不幸和祸害都从罐子里钻了出来，缠绕着人类——我们现在也依然受到这些不幸和祸害的困扰——唯有希望被永远留在了罐底。（我最开始不明白为何会有"希望"留在罐子里，后来认识到，潘多拉的举动具有明显的象征性意义。）

可以很容易地看出，潘多拉打开罐子的故事与《创世纪》中苹果的故事有一定的相似性。苹果出现在《圣经》中的创世神话，同样也是"第一个女人"释放出了某些危险的东西，但夏娃释放的是一些更为微妙的危险。我需要弄清楚这里的"神话"是什么意思，因为这个词常被用作贬义使用（译注：原文描述"神话"时用的"myth"一词，常指"错误观念"、"错误看法"，贬义）。"神话"指的是一种带有目的性的故事叙述手法，它通过一个故事讲述一些对我们日常生活有用的东西，其内容通常发生在远古或遥远国度。神话的创始者用这一奇特的设定解释一个普遍真理，或者以一种更容易理解和记忆的方式解释重要信息。

《创世纪》第二章，讲述了伊甸园中有一棵很特别的树。上帝告诉亚当："园中各树上的果子，你可以随意吃，只是'分辨善恶树'上的果子不可吃，吃了必定死。"后来，伊甸园的一条蛇告诉了新创造出来的那个女人："你们不一定会死，因为神知道，你们吃了果子眼睛就明亮了，你们便如神那样能知道善恶。"

夏娃很喜欢那颗果实的样子（《圣经》中从未说是苹果），于是吃了一些，还分了一些给亚当——于是，他们被赶出了伊甸园。但奇怪的是，蛇所说的话似乎比上帝的话更接近事实——他们并未在吃掉果子的那天死去。

在这两则神话中，好奇心或对某些不可企及的东西的渴望——也许是人类不配得到的东西——都会给人类带来痛苦。我们与生俱来的求知、探索和学习的欲望都会给我们带来痛苦。我们已经无路可回,再也无法关上这个盒子(更确切地说,重新密封罐子),我们也无法不去咬那口苹果;我们无法重新回到纯真年代。根据热力学第二定律,熵值总是增量。(译注:"熵"是热力学中表示系统混乱程度的量。自然情况下,系统总是倾向于向混乱的状态发展,熵值只会增加。作者在此处希望表达,事件一旦发生就覆水难收。)

然而,不可否认,神话般的探索态度反映了一种误解,此误解使我们能以谨慎乐观的态度结束本书的阅读。的确,在险境中,好奇心会让人冒险,但好奇心也会带来巨大回报。现实世界中没有伊甸园,我们没有田园诗歌一般的过往,即使我们放弃了如今所拥有的一切科学、技术方面的进步与发展,即使我们再次成为占大自然便宜的拾荒者,我们也不可能过上田园诗歌一般的生活。

事实上,大多数科学技术对人类并无害处,甚至大有裨益,从医学到信息技术,所有的科学发现都为这个世界带来了巨大好处。

的确,我们制造了特别可怕的毁灭性武器,我们也应当为我们破坏地球、导致气候变化等一系列危险行为负起责任,但我们也确实过上了更舒适的生活,我们不再受某些疾病的困扰——对于那些仅生存在自然世界中的人而言,疾病等困扰无法避免。据称,自圣经时代(译注:指亚伯拉罕和摩西时代)以来,健康人类的寿命值就未发生太大的变化,当时的人类平均寿命为 70 岁。但这一数字隐瞒了一个可怕的事实。

想想这些年儿童死亡率的变化,就能明白这一数字背后隐藏的问题。直至进入 19 世纪以前,大多数小孩无法活到成年。为一个婴儿或小孩举行葬礼是特别伤心、悲惨的事。令人警醒的是,在不久之前,在那段时光之前的全部历史,大多数葬礼都是为婴儿和儿童举行。

相比科学为我们带来的医疗利益,更重要的或许是我们所经历的生活质量的改变。事实上,就人类发展进程而言,在近代以前,生活对于每人来说似乎都是一场漫长的挣扎——人们没有时间享受,没有时间去做那些可以证明生命意义的事情（为了保证食物与饮水的供应，为了繁衍后代，为了避免被捕杀，人类的生活总是充满了无休止的斗争）。

可悲的是，对世界上绝大部分人来说，当前的情况仍然如此。但对于我们这些有幸生活在富裕世界的人来说，我们的生活已发生了变化，很大程度上这些改变应归功于科学和技术。请阅读本章开篇部分引用印度前总理尼赫鲁的一段话："只有科学才能解决饥饿与贫穷的问题；才能解决缺乏卫生设施与缺乏教育的问题；才能解决迷信以及压抑人性的习俗与传统的问题……未来属于科学，属于那些与科学打交道的人。"这并非某个西方阔佬在自私地自我炫耀，尼赫鲁很清楚，我们需要科技为人类带来的好处。

尽管漫画中的科学家存在逻辑错误、感情缺失等问题，但科学家也是人。科学家经常被描绘成偏执狂，他们毫不理会自己的种种恶行给人类带来的不可避免的恶果，但事实上，这类描述有些信口开河、前后矛盾。一方面，科学家被描绘为冷酷、精于算计，在逻辑上不近人情；另一方面，他们并未贯彻"生产一种杀死很多人的东西，然后很多人因此被杀死"这样简单的逻辑条理。

许多例子可证明，科学家也在思量他们的工作在道德方面的后果，人类社会也会经常采取较大的控制力度限制科学尝试，避免不必要的风险发生。以人类基因操纵这一整体领域为例，所有进行此工作的国家都颁布有严格的规章制度，对该领域中任何新进展所产生的任何问题，在国家层面上都进行了极认真的考量。当然，我们中总会时不时地出现一些反对的声音，例如声称克隆了人类（这是绝对的虚假消息）。现实情况是，相比人类正在投入努力的大多数领域，科学领域确实被监管得更好。

可以说，科学家被描绘成没有感情、不关心他人的人，反映出参与科学研究与自闭症之间具有紧密联系。曾经，自闭症是极度软弱的标志。30年前，被诊断为自闭症的儿童中，有一半不会说话，其中大多数智力水平低于平均。那些患有这种可怕疾病的人都生活在自己的孤立世界，几乎不与人交流。然而，到了20世纪90年代，人们意识到，这些人只是冰山一角，更多的人处于自闭症范畴中的高功能一端，即高功能自闭症。

大部分自闭症都属于基因病——如果一对双胞胎中有一个人患有自闭症，那么另一个人同样患有自闭症的可能性将超过50%。患自闭症也与神经发育有关：在婴儿早期发育时，婴儿大脑中某些部分的形成方式发生了变化。这的确是一种生理性疾病，达斯汀·霍夫曼（Dustin Hoffman）在电影《雨人》（*Rain Man*）中扮演的角色，使我们针对自闭症患者形成了低能儿或白痴学者的刻板印象，但我们需要摆脱这一印象。电影中描述的病人的确存在，但他们并不能代表平均水平。有一种自闭症，名为阿斯伯格综合征（Asperger's syndrome），命名来源于一位儿科医生——汉斯·阿斯伯格（Hans Asperger），他对自闭症的效应评价如下：

> 我们所见到的自闭症患者，只要其智力完好无损，基本都能在某些专业领域取得成就……一个好的专业态度包括了心无旁骛以及放弃其他大部分兴趣的决策……在科学和艺术领域获得成就者，似乎必然会有一些是自闭症患者。

据脑专家西蒙·巴伦-科恩（Simon Baron-Cohen）说，"女性大脑的主要能力是同情和共鸣；男性大脑的主要功能是理解和构建系统"。就自闭症患者而言，巴伦-科恩将其描述为拥有一个极度男性的大脑，促使他去搜集信息，分类并系统化，这一过程使许多高功能自闭症患者进入了科学领域。尽管现在大家都鼓励女孩学习数学和科学，但物理学领域的男女比例依然是9:1。（有趣的是，具有高功能自闭症或阿斯伯格综合征的男女比例为10:1。）

我并不非说所有的科学家都是自闭症患者，或者说有点轻微的自闭症倾向才能成为一名好科学家。但似乎确实有一部分科学家半只脚已进入了轻微的高功能自闭症的大门，也正是这一症状，使科学家有了一种对他人漠不关心的形象。加上阿斯伯格所谈及的心无旁骛，自闭症确实跟缺乏同情心产生了莫大的关联。

但这并没有听上去那么糟糕。极度男性化的大脑无法处理人际关系，这样的说法不公平，因为那些高功能自闭症人群依然可以做好人际关系的处理。当他们在支持某些个体或某项事业时，他们通常是最最忠实的捍卫者，他们并非那么冷血，对他人毫不关心。但这一极度男性化大脑的问题在于他们无法理解情感，也无法与他人产生共情。

这样的结果往往会导致自闭症患者在受到伤害时感到震惊和痛苦，部分原因是他们不明白自己的行为为何会令他人难过。"这又不是我的过错！"这是他们在某一段关系中会经常重复的话，他们很疑惑是何处出现了问题，也为自己造成了问题而感到懊恼。

当我们对科学家形成某种刻板印象时，很容易会将缺乏共情能力归结于冷血。我们所看到的是一个受困于理性，却置他人于危险中的人，就像麦科伊博士（Dr. McCoy）总指责《星际迷航》中的火神（Vulcan）斯波克（Mr. Spock）缺乏同情心一样。但将科学家描绘成冷血角色，真是对自闭症的一种误解。不管是否为自闭症患者，科学家并不比其他人更冷漠，他们同样关心科学工作的意义。

然而，无论科学家有多关心科学工作的意义，我们也不能绝对地宣称科学不会让世界走向末日，科学不会造成非常大的破坏并使人类未来生活变得糟糕。现在，科学技术在许多方面都有可能起破坏效果，我们需要在管理与应对科学等事务上更加成熟。目前，对我们的世界作出重大决定的绝大多数人并未接受过良好的科学教育。到目前为止，人们一直认为不了解科学界是件好事。在某种程度上，人们认为专注于艺术体现了更优、更智慧的品质。

引用英国历史学家丽莎·雅尔丁（Lisa Jardine）的话：

> 50年过去了，（C. P.）斯诺（译注：Charles Percy Snow，查尔

斯·珀西·斯诺）所说的"涉及科技领域时，政府缺乏作出明智政策决定的能力"，这句话直到今天依然适用。在最近关于转基因作物、核能开发以及气候变化的讨论中，政客与公众如墙头草一般，极易被一些颇具说服力的顾问或利益团体动摇，他们无法依靠自身能力对科学数据或者科学数据的可靠性作判断。

我们不能继续宣称一个受过教育的人不需要了解科学，在很大程度上，我们的生存依赖着科学，科学也有可能给我们造成大规模破坏。现代社会，每个作决定的人都应确保自己对科学有更多了解。人们需要获取正确信息，才能在遇到与科学相关问题时作出明智决断——这已成为生活中相当普遍的现象。人们所接受的教育中，需要包括对各个领域的科学的良好理解。

我们必须承认，这个世界总有一些无赖人士存在，总有人缺乏能力去作出遵循道德的决策，这些人只考虑自己的功名，忽视科学中的重要价值观；或者，有些人太痴迷于某种技术或观点，试图滥用技术，身处文明时代却大开科学倒车。但这绝非放弃科学的理由——如果仅因为火的破坏力骇人便不在天气寒冷之时取火供暖，或不使用火烹饪食物，就是因噎废食。

总的来说，科学建立过程自身就能适当地清除掉一些可能会扰乱社会秩序的人，但这个过程或许缓慢。更大的危险是，一些特立独行的人也许与那些掌握政权的人，以及那些对科学知之甚少却又拥有政治决策权的人的关系很好。典型的例子，俄国生物学家特罗菲姆·邓尼索维奇·李森科（Trofim Denisovich Lysenko），支持生物特性后天形成理论，反对基因遗传学。

18世纪，法国科学家让－巴蒂斯特·拉马克（Jean-Baptiste Lamarck）提出了生物特性后天形成的观点，尽管后来他的观点被证误，但他提出这个想法也并非毫无根据。他推测，在生活中经受紧张和压力，动物和植物获得了某些特性，这些特性有概率继续传递给下一代。

所以，他有理由认为，生物特性由后天形成——比如，长颈鹿的祖先，它们不断地伸长脖子以食用高处鲜嫩的叶子。拉马克认为，通过这样的反复活动，长颈鹿的脖子会越伸越长。因为父母脖子长，长颈鹿的孩子也拥有了一个比普通鹿更长的脖子，渐渐地，就形成了我们所熟悉的今天的长颈鹿的样子。

达尔文的观点则认为长颈鹿的脖子长是自然选择的结果——在自然环境中，脖子更长的那些长颈鹿能更好地存活下来，然后又将该特性传给了自己的后代。在传统的进化分析方法中，是自然选择出了一部分脖子更长的群体，使其生存下来长大，并繁殖后代。而在拉马克的观点中，是某一个个体在其生命历程中自主地伸长脖子。

拉马克的观点并未形成一套理论，但在苏联斯大林执政时期，李森科将他的想法强加至农业，结果是李森科的一些糟糕决策给苏联的粮食产量带来了直接影响。比如，李森科认为，既然作物的特性由后天获得，就可以将作物种植在有压力的环境中改善小麦产量。实际上，这样的方法导致他们最终颗粒无收。

李森科对科学建立了铁腕统治，这意味着直至20世纪70年代，俄国的生物科学一直落后于西方。他们没能意识到遗传学的进步正在改变其他生物学，将遗传学认为是错误的资本主义科学。如果李森科只是一个有着古怪想法的科学家，他的理论经历现实的检验，科学的构建过程会逐渐将他排除，基因解释的信息将会很快获得大众认可。但事实是，这个流氓科学家与掌握政权的人之间的联系压倒了科学敏锐性。

还有一些人会说，爱德华·泰勒作为氢弹的拥护者，是另一个流氓科学家的例子。他之所以在这个危险领域中取得进展，是因为他在政界的影响力，而非他的理论具有重大科学价值。的确，其他许多科学家对热核武器的部署深感不满，他们认为这一步偏离得太远，但因为泰勒与政权人物之间的关系，他甚至不需要对其他科学家作出反驳。（后来，泰勒又在罗纳德·里根提出的建立导弹防御系统"星球大战"战略防御计划扮演了类似的重要角色。）

一些科学家也许能被明确地认定为走错了方向，因为他们本质上就是"坏蛋"；而其他一些科学家出错也许仅受制于我们的通用属性——人都会犯错，会出现错误的判断导致意外发生。通常，我们不能因为或许会发生的事故退缩且不采取行动，否则，我们会整天待在家里，因为出门就意味着危险会随时发生。然而，有些人的行为所产生的影响可能会超出他们的个人能力范围，对这些人而言，确实有必要对其行为进行特别检查。

　　我们永远做不到完全消除风险，但我们可通过规范流程和部署控制手段将风险降至最低。正如核电站事故那样，人们总认为核电站的一切运行均不会出现问题，因而绕过了繁琐的安全系统操作。更重要的是，大量证据表明，大企业正试图将安全措施控制在最低限度以尽可能地避免官方监督（他们认为这是政府的官僚主义），减少安全系统对其利润的影响。

　　毫无疑问，对那些负责致命性科技的人，我们必须继续施加压力，以确保他们能采取尽量合理的安全措施。安全永远不会成为一件100%确定性的事情，我们不能确定地球上的生命不会遭到流星撞击或因伽马射线爆发而毁灭，但我们能尽力控制那些可能会产生影响的风险。

　　再次强调，提高全体公众对科学以及科学家的认知非常重要。这样，公众投票时，他们能明智地作出约束科学的决定，而不会全凭恐慌谣言和半真半假的东西去推动科学发展。我们以几年前麻腮风三联疫苗（MMR）接种引起的恐慌为例，公众基于谣言与恐惧，而非对事实的合理理解进行决策。这是典型的恐慌谣言，公众做出的反应都是基于一些并不存在的东西。

　　若谣言当道，那么，任何利弊权衡之类的行为均将被抛诸脑后。或许有这么一张可以给所有人打的谣言牌——"将给孩子们带来风险"，且这张谣言牌强劲有力。孩子们面临危险时，父母通常会怀关切之心且方寸大乱，将所有的后顾之忧与公平公正抛于脑后。可悲的是，媒体通常会在缺乏充足证据的情况下让公众注意到谣言的存在。由于我们面对谣言时通常来不及等待信息的确认便直接进入了惊慌状态，这就产生了一种必然反应——对产生这一反应的人，科学说法为，暴民。

麻腮风三联疫苗恐慌事件始于 1998 年，由英国医生安德鲁·韦克菲尔德（Andrew Wakefield）造成。他的研究发表后的十年，有关麻疹、腮腺炎和风疹疫苗可能导致儿童自闭症的说法一直令公众恐惧和困惑。数百万儿童未接种疫苗，一直处于危险中。然而，所有这些小题大做皆因这个门外汉针对 12 个个体做了一项有缺陷的研究。

很多专家进行了更大范围、更有说服力的研究，证明了麻腮风三联疫苗的安全性，但人们并未听取他们的意见，反因媒体传播的一些基于个人的奇闻轶事编撰出的恐怖谣言产生了恐慌。一旦某谣言得以传开就很难再被控制。未接种麻疹疫苗的人之中有人感染了麻疹，导致了严重疾病，甚至引起了至少 1 例死亡，但媒体仍不时地传播 MMR 恐慌。

原因部分得归咎于媒体工作人员与科学家的不同，媒体工作者通常不愿接受并揭露自己的错误——科学家常常从错误中学习而进步；如果媒体的报道结果为假，如 MMR 恐慌事件，真相浮出水面时媒体绝不会像最初那样深度报道。通常情况下，在同行评议的论文发表之前，有人会公布一些研究，一旦媒体注意到了这些研究，他们就能制造舆论，引起大众恐慌。之后，也许这些论文并未发表，也许论文中的言论被证明有误，但媒体会保持沉默，公众很难得到这项研究的确切消息。我们通常难以听到媒体的道歉，"对不起，我们吓到大家了，是我们弄错了。"真相往往被掩盖。

人们不仅要更好地了解科学理论，还要了解科学原理，包括那些热衷于散布虚假信息的人所钟爱的科学原理。仅是在酒吧里听到的传闻，或是听说了某人的主观经历，绝不意味着我们能据此作出有用的判断。任何人在作出一个与科技相关的重要决定，且这个决定会影响多数人的生活时，他必须证明自己未受谣言的影响，对科学基础有足够的了解，能做出正确的决定。

最后，我们还需要接受一个事实——科学也具有危险性。所有形式的知识都是双刃剑——能带来最大的好处，也能带来最大的坏处。科学确有可能令人类用自己的双手造就世界末日，不过，科学也给我们带来了希望。更重要的是，科学于我们如醍醐灌顶，它发人深省。一切都来自好奇心，好奇心是我们与生俱来的且一直向往的品质。尽管前人有云，"好奇心会害死猫"，但大部分猫都活了下来，不是吗？况且，我们也不是猫，我们可以将好奇心和智慧与知识完美结合。

正确地对待科学这个潘多拉盒子，它能带给我们的将超越我们对它的预期。我们不应再以火中取栗的方式，作科学研究或是运用科学研究的成果。我们应秉持敬畏、谨慎的态度，部署正确的保护措施，以探索宇宙奥秘或是运用科学研究的成果。显然，将潘多拉的盒子尘封，绝非解决问题的办法，因为它只会令我们失去更多的宝贵财富。

所以，我们一定要打开盒子，小心谨慎。

在《科学大浩劫》一书中,作者以科学怪人的故事展开,从宇宙洪荒聊至人类未来,一探科学的真相,讨论世界末日的可能性。

科学的奥秘,在洪荒宇宙,也在人类自身。布莱恩从宏观的宇宙诞生、黑洞形成,谈到微观的原子热核反应、微生物与人类的关系;从历史中人类对科学技术的恐惧、恶意揣测,谈到未来科学与人类的融合。作者通过方方面面的举例论证,讨论了科学是否会给人类带来浩劫,带来世界末日。

布莱恩·克莱格(Brian Clegg),英国理论物理学家,著名科普作家。克莱格曾在牛津大学研习物理,一生致力于将宇宙中最奇特领域的研究介绍给大众读者。他是英国大众科学网站的编辑和英国皇家艺术学会会员。著有科普畅销书《量子纠缠》《量子时代》《如何构造时间机器》《十大物理学家》《宇宙中的相对论》《科学大浩劫》等。

他和妻子及两个孩子现居英格兰的威尔特郡。

果壳书斋　　科学可以这样看丛书（39本）

门外汉都能读懂的世界科学名著。在学者的陪同下，作一次奇妙的科学之旅。他们的见解可将我们的想象力推向极限！

1	平行宇宙（新版）	〔美〕加来道雄	43.80元
2	超空间	〔美〕加来道雄	59.80元
3	物理学的未来	〔美〕加来道雄	53.80元
4	心灵的未来	〔美〕加来道雄	48.80元
5	量子时代	〔英〕布莱恩·克莱格	45.80元
6	十大物理学家	〔英〕布莱恩·克莱格	39.80元
7	量子宇宙	〔英〕布莱恩·考克斯等	32.80元
8	生物中心主义	〔美〕罗伯特·兰札等	32.80元
9	终极理论（第二版）	〔加〕马克·麦卡琴	57.80元
10	遗传的革命	〔英〕内莎·凯里	39.80元
11	垃圾DNA	〔英〕内莎·凯里	39.80元
12	量子理论	〔英〕曼吉特·库马尔	55.80元
13	达尔文的黑匣子	〔美〕迈克尔·J.贝希	42.80元
14	行走零度（修订版）	〔美〕切特·雷莫	32.80元
15	领悟我们的宇宙（彩版）	〔美〕斯泰茜·帕伦等	168.00元
16	达尔文的疑问	〔美〕斯蒂芬·迈耶	59.80元
17	物种之神	〔南非〕迈克尔·特林格	59.80元
18	失落的非洲寺庙（彩版）	〔南非〕迈克尔·特林格	88.00元
19	抑癌基因	〔英〕休·阿姆斯特朗	39.80元
20	暴力解剖	〔英〕阿德里安·雷恩	68.80元
21	奇异宇宙与时间现实	〔美〕李·斯莫林等	59.80元
22	机器消灭秘密	〔美〕安迪·格林伯格	49.80元
23	量子创造力	〔美〕阿米特·哥斯瓦米	39.80元
24	宇宙探索	〔美〕尼尔·德格拉斯·泰森	45.00元
25	构造时间机器	〔英〕布莱恩·克莱格	39.80元
26	不确定的边缘	〔英〕迈克尔·布鲁克斯	42.80元
27	自由基	〔英〕迈克尔·布鲁克斯	42.80元
28	阿尔茨海默症有救了	〔美〕玛丽·T.纽波特	65.80元
29	科学大浩劫	〔英〕布莱恩·克莱格	45.00元
30	超弦论	〔美〕加来道雄	预估49.80元
31	搞不懂的13件事	〔英〕迈克尔·布鲁克斯	预估49.80元
32	超感官知觉	〔英〕布莱恩·克莱格	预估39.80元
33	宇宙中的相对论	〔英〕布莱恩·克莱格	预估42.80元
34	哲学大对话	〔美〕诺曼·梅尔赫特	预估128.00元
35	血液礼赞	〔英〕罗丝·乔治	预估49.80元
36	语言、认知和人体本性	〔美〕史蒂芬·平克	预估88.80元
37	修改基因	〔英〕内莎·凯里	预估42.80元
38	麦克斯韦妖	〔英〕布莱恩·克莱格	预估42.80元
39	生命新构件	贾乙	预估42.80元

欢迎加入平行宇宙读者群·果壳书斋QQ:484863244
邮购：重庆出版社天猫旗舰店、渝书坊微商城。
各地书店、网上书店有售。

扫描二维码
可直接购买